世界史上的

Central
Asia
in
World
History

中 亞

Peter B. Golden
彼得·高登

蔡偉傑————譯

跨越滿洲森林至黑海周緣的四萬年史

導讀

把中亞找回來：重新認識世界史上的中亞[1]

蔡偉傑，國立中正大學歷史學系助理教授、本書譯者

中亞是英文 Central Asia 的中譯。狹義上指新近獨立的前蘇聯五個國家：土庫曼、烏茲別克、哈薩克、吉爾吉斯與塔吉克。有時候也會將新疆納入。[2] 然而廣義而言，中亞作為一個地理區域，它占了全球陸地將近七分之一的面積，約八百萬平方英里（合兩千零八十萬平方公里）。

廣義的中亞可以分為東西兩大部分。中亞西部的人群主要是穆斯林，並且由新近獨立的前蘇聯五個國家所組成，包括：土庫曼、烏茲別克、哈薩克、吉爾吉斯與塔吉克，即歷史上所謂的「西突厥斯坦」（West Turkestan）。另外以穆斯林為主的中亞地區還包括了今日中國的新疆維吾爾自治區，亦稱為「東突厥斯坦」（East Turkestan）。位於伏爾加河與西伯利亞西部的森林－草原區也有大量穆斯林突厥人口，其歷史與文化根源則位於中亞。至於中亞東部

的主要人口為佛教徒，由蒙古地區（包括被分隔為蒙古國
與中國的內蒙古自治區）與滿洲地區所組成。至於青康藏
高原的藏族，儘管在語言上與中亞截然不同，不過在中亞
事務上卻扮演重要角色，因此也可以被納入廣義的中亞範
疇內。這也比較接近聯合國教育、科學及文化組織所出版
的六卷本《中亞文明史》中對中亞的界定。[3]

　　相較於東亞或中國在世界史學界中所受到的重視，有
關中亞在世界史上的角色一直以來都不是一個熱門的話題。
但是自二十世紀九〇年代以來，這個問題開始得到注意。
例如以研究現代世界體系聞名的德國歷史學家安德烈・貢
德・弗蘭克（Andre Gunder Frank）就曾經探討中亞的中央
性。[4] 他運用世界體系的分析架構，認為在十三世紀成吉思
汗至忽必烈汗統治期間的蒙古帝國以及其首都哈剌和林，
透過來自周邊文明的貿易與進貢，確實成為了一個世界體
系的核心，只是蒙古人無法以其不合適的經濟機制來維持
這種核心與邊陲的關係。而十五世紀海權與海上貿易的興
起，使得原本的世界體系核心從東方往西方移動，最終使
中亞陷入黑暗之中。

　　另外還有以研究大歷史（Big History）聞名的美國歷史學家大衛·克里斯欽（David Christian）。[5] 他認為內陸歐亞（Inner Eurasia，約略與中亞重合）作為一個基於地理學的大型區域，且在歷史上自成一格，因此可以作為世界史分析的單位。他主張內陸歐亞雖然生產力較為低落，但其位於歐亞大陸的中央位置，導致了內陸歐亞社會得以極度集中與動員稀少的資源。然而，如今工業技術的發展已使內陸歐亞位於地理中心的優勢不再，無法彌補其低度生產力的劣勢，也因此內陸歐亞失去了在世界史上作為獨特單位的地位。

　　前述兩位世界史學者的研究大致上反映了二十世紀八〇年代末至九〇年代初期冷戰末期世界史學界如何看待中亞在世界史上的地位。當時的中亞在共產主義陣營控制下，確實隔絕於外部世界，對於世界史的發展進程影響不大。但是在冷戰結束後，內亞再度向世界開放，在此新局面下，學界又會如何重新估量內亞的歷史地位呢？近來如美國印第安納大學內陸歐亞學系教授白桂思（Christopher I. Beckwith）的《絲路上的帝國》便認為，中亞在十八世紀

遭到俄羅斯與清朝兩大帝國瓜分後，使得絲綢之路的經濟崩潰，導致中亞陷入貧困與落後。雖然在冷戰過後中亞已經獲得某種程度的獨立，但是仍舊處於政治獨裁與經濟落後的境況。他將此歸咎於蘇聯遺產與現代主義。[6]某種程度上，這種論調仍然暗合前述上個世紀九〇年代以來的看法。

然而針對這個問題，本書《世界史上的中亞》可以作為內亞史學者的另外一種專業回應。本書作者彼得・高登（Peter B. Golden）為美國羅格斯大學歷史系榮退教授，以突厥民族史研究享譽學林。不同於前面三位學者的說法，在這本書中，作者呈現給我們更加豐富的中亞面貌：一個在十五世紀後仍舊作為歐亞貿易樞紐的中亞、一個在美蘇冷戰中仍能獲致社會與經濟進步的現代中亞。以下略述本書各章的梗概。

本書除導言外，正文共分為九章。導言以「民族的層積」為題，說明了中亞的自然與人文地理環境。作者將中亞分為東西兩大部分。中亞西部以中亞五國為主，即歷史上所稱的西突厥斯坦，當地居民主要為操突厥或波斯語的

穆斯林；不過中亞穆斯林世界還可以納入今天的中國新疆，
即歷史上所稱的東突厥斯坦。而中亞東部則包括蒙古國、
中國內蒙古與西藏等地，主要信奉佛教。在語言上，中亞
的兩大語系為阿爾泰語系與印歐語系。在歷史上，草原遊
牧民與周邊農業國家之間的互動形塑了吾人對中亞的主要
知識。而定居社會對於這些遊牧民的歷史記載則充滿了文
化偏見。

　　第一章「遊牧與綠洲城邦的興起」從現代智人（*Homo
sapiens*）於距今四萬年前從非洲進入中亞談起，探討中亞
的史前史。人類約在西元前 4800 年馴化馬匹，西元前 3700
年掌握騎馬技術，西元前 2000 年遊牧發展成熟。而人類對
馬匹的控制加上複合弓的發明，使得騎馬民族取得軍事上
的優勢。早期的馬車技術很快就成為明日黃花。動物則是
重要的財產與食物來源，其中馬、羊是衡量財產多寡的主
要標準，另外還有駱駝、山羊與牛等畜群。遊牧民的領袖
一般會設法控制綠洲城市，因為當地的商業與農業能夠為
他們帶來食物與稅收，而遊牧民與綠洲城市兩者間有著共
生關係。

　　第二章「早期遊牧民：『明以戰攻為事』」從西元前
3000 至 2500 年間操印歐語的民族在歐亞大陸分為兩支系
談起，一支進入中國新疆成為吐火羅人（Tokharians）的
祖先，另一支雅利安人（Aryans）則向東進入西伯利亞、
蒙古、中國新疆與巴基斯坦北部。在中亞，操伊朗語的遊
牧民被波斯人稱為塞人（Saka），希臘人則稱之為斯基泰
（Scythians）。他們以擅長騎射或使用戰車聞名。之後位
於蒙古高原的遊牧民匈奴人於西元前三世紀興起，並且與
南方的秦漢帝國對抗。而在西元前一世紀的西方，貴霜帝
國（Kushan Empire）也逐漸形成。貴霜帝國崇奉祆教與佛
教，並且大力支持農業、商業與藝術，融合了印度與希臘羅
馬風格的犍陀羅藝術盛行一時。西元 230 至 270 年間，貴
霜帝國衰微並被波斯薩珊王朝（Sassanids）取代。在西元
四世紀時，後者受到來自北方的匈人（Huns）襲擊。這個
長時段的遷徙也導致了西元 440 年匈人領袖阿提拉（Attila）
入侵羅馬。但無論是匈奴或匈人，都未能對中國或羅馬造
成致命威脅。

　　第三章「天可汗：突厥與其後繼者」從漢朝與匈奴崩

潰後的歐亞局勢談起，提到新興的三大勢力，包括控制中原的北魏拓跋氏、控制蒙古的柔然（即阿瓦爾人），與控制貴霜舊地的嚈噠。這三個國家對整個歐亞產生了漣漪作用。西元六世紀初，柔然的內亂加上鐵勒的反叛成為突厥興起的背景。學界對於突厥的祖源仍舊不太清楚。不過其統治世族名為阿史那，可能源自東伊朗語 *ashsheina* 或吐火羅語 *ashna*，意為藍色，這在突厥以顏色命名方位的傳統（可能借自中國）中有東方之意。在乙息記可汗科羅與木杆可汗的先後統治下，突厥的版圖快速擴張成為史上第一個東起中國東北西至黑海的跨歐亞帝國。而突厥可汗受命於騰格里（Tengri，指上天）的意識形態也成為後世遊牧帝國效法的對象。

第四章「絲路城市與伊斯蘭教的到來」討論的是阿拉伯帝國入侵中亞河中地區以前的絲路城市與貿易。當時控制絲路貿易的商人多半為粟特人（Sogdians），他們多半以家族商號的形式存在，並且在主要城市與地方聚落中設立據點。在中國，許多粟特人也出任官員和將領，或以農夫與牧馬人為業等。其社群領袖被稱為薩寶（*sartapao*，源自

梵文 *sârthavâha*，意為商隊領袖）。在當時，諸如塔里木盆地的喀什、焉耆、庫車與和闐等是中亞東部的重要綠洲城市。唐朝與吐蕃雙方都曾試圖控制此處。在中亞河中地區則以花剌子模、撒馬爾罕與布哈拉等為主。當時波斯語成為中亞主要的書面語，但是突厥語則成為重要的共同口頭語。西元十一世紀末編寫《突厥語大詞典》的麻赫穆德·喀什噶里（Mahmûd al-Kâshgharî）就曾經指出，在中亞城市中多數的人口都能使用突厥與粟特雙語。

第五章「新月高掛草原：伊斯蘭教與突厥民族」介紹了突厥帝國崩潰後到蒙古帝國興起以前的中亞情勢。不同支系的突厥民族彼此互相攻伐，也產生了大量的民族遷徙，例如西元八世紀七〇年代被葛邏祿（Qarluqs）逐出中亞河中地區的比千人（Pechenegs）後來被迫遷徙到東歐。另外這個時期是伊斯蘭教從城市傳到草原地區的重要時期，其中波斯的薩曼王朝（Sâmânid）起了重要作用。特別是伊斯蘭教神秘主義的蘇非派（Sufism），由於其形式與突厥傳統的薩滿信仰類似，因此較易被突厥遊牧民接受。而突厥人伊斯蘭化之後則反而逐漸強大，並且控制了原先的伊斯

蘭腹地，例如塞爾柱帝國（Seljuk Empire）。

　　第六章「蒙古旋風」討論的是蒙古如何從一個部族聯盟而發展成為橫跨歐亞的大帝國。成吉思汗憑藉著其伴當（*nökör*，即夥伴）之力於 1206 年統一蒙古各部，並且迫使畏兀兒歸順，征服了西遼、花剌子模，1227 年在遠征西夏時過世，被穆斯林稱為「上帝之鞭」。其子孫延續了其擴張事業，征服了中國、伊朗與俄羅斯。不過後來中亞的蒙古征服者在語言上逐漸被當地的突厥與波斯人同化。蒙古帝國對全球史影響巨大，各種工藝、飲食與商旅都在這個時期產生交流。它作為世界上最大的陸上帝國，在歐亞大陸上首次建立了統一的交流管道。部分學者認為這是早期世界體系的開始，也是現代世界的先聲。

　　第七章「後來的成吉思汗系各支後王、帖木兒與帖木兒帝國的文藝復興」討論蒙古帝國崩潰後在中亞代之而起的帖木兒帝國。蒙古帝國崩潰後，整個中亞在語言上的突厥化與對於成吉思家族後裔的忠誠成為重要特徵。帖木兒（Temür）巧妙利用察合台汗國內部的部族與氏族傾軋，

於 1370 年掌握大權。受制於非成吉思汗黃金家族（*altan urugh*）後裔者不得稱汗的原則，他娶了成吉思家族的後裔，並且以駙馬（*küregen*）自居，對穆斯林群眾而言，他則被視為大異密（Great Amîr）。他的勢力從中亞直達印度北部與小亞細亞。其子沙哈魯（Shâhrukh）與其孫兀魯伯（Ulugh Beg）崇奉伊斯蘭教，並且獎掖科學與文藝。天文學、數學、波斯與察合台突厥文學和細密畫等都在這個時期得到發展。另外帖木兒在與鄂圖曼帝國的戰爭中使用了火炮，這也使得火藥在中亞進一步得到傳播。但是當周圍定居帝國的火器技術上日新月異時，中亞卻陷入停滯。這也使得中亞逐漸失去武力優勢。

第八章「火藥時代與帝國崩潰」探討自十六世紀初起，中亞處於周邊帝國的夾縫中，並在競逐過程中逐漸落居下風的過程。在西方，立基於伊朗的薩法維帝國（Safavid Empire）將伊斯蘭教什葉派定為國教，並且切斷了以當時信奉遜尼派的中亞與其盟友鄂圖曼帝國的聯繫。在北方，在征服了金帳汗國的後繼者之一伏爾加汗國後，1547 年莫斯科大公伊凡四世自立為沙皇（tsar），並視自己為拜占庭

皇帝與成吉思汗家族的繼承人以及基督教的保護者。此後
俄國的勢力開始進入中亞，並且在中亞傳布東正教。當時
中亞的遊牧民正苦於天花與其他疾病肆虐，這也有利於俄
國的侵逼。

　　俄國對中亞的入侵一直到十七世紀後期遭遇由滿洲人
建立的清朝才首次受阻。東方的清朝作為藏傳佛教的保護
者也正向中亞擴張。另外在這個時代中，蒙古重新信奉藏
傳佛教的結果則是造成中亞世界分裂為以穆斯林為主的突
厥－波斯世界與以佛教徒為主的蒙古世界。在這個時期，
中亞與外部世界之間的武力平衡也被逐漸打破。十七世紀
中葉，前者的複合弓與後者的火繩槍之間還算平分秋色。
但是到了十八世紀中葉，燧發槍已經取得優勢。有些遊牧
民拒絕使用槍炮，因為這種武器並不適合其傳統的戰術；
有些則願意接受槍炮，但是大部分缺乏量產的工業能力或
是足夠的財力來購置。因此總體來說，中亞遊牧民在軍備
競賽上逐漸落居下風。到了十九世紀末時，中亞的大部分
都已在沙俄與清朝的控制下。

　　第九章「現代性的問題」從十九世紀初英俄兩國在中亞的大博弈（the Great Game）談起，討論中亞對於外界認識的增長以及在現代化過程中所面臨的挑戰。當時俄國治下中亞的哈薩克與布哈拉、浩罕與希瓦三汗國，以及清朝治下的新疆與蒙古，人民的生活條件普遍惡劣，疾病與貧窮困擾著中亞人民。蘇聯成立後，中亞各地紛紛改制為蘇聯的加盟共和國，並逐漸演變成今日所見的中亞五國。但是在蘇聯時期所進行的民族識別與國家建構，在中亞傳統的部族與氏族身分上，增加了新的身分認同，在蘇聯解體、中亞五國獨立後仍然持續影響至今。至於在清朝治下的中亞，在清朝崩潰後，外蒙古獨立，成為蘇聯的保護國，於蘇聯解體後放棄了社會主義制度。新疆則被數個軍閥所掌握，直到 1949 年中國中央政府重新取得控制，但是仍然存在東突厥斯坦分離運動的隱憂。

　　就本書的特點而言，本書除了引用美國世界史家杰里‧本特利（Jerry H. Bentley）、大衛‧克里斯欽等人的研究外，似乎也絕少引用世界史學者的近作，但是這並不表示它自外於新的學術潮流。首先，本書吸納了近年中亞史的最新

研究成果。例如過去學界認為匈人與稍早的匈奴之間並無
關聯，但是作者指出近二十年來的研究已轉而承認兩者間
的關係，並認為是匈奴帝國崩潰後東方遊牧民西遷的結果。

　　此外，本書也回應了近年來學界對於中亞在近代世界
體系中所處地位的爭辯。過去學界認為由於十六世紀歐洲
通往東方與美洲的海路貿易發達，加上十七世紀小冰河期
（Little Ice Age）所造成的氣候變遷與全球危機，導致了中
亞的衰退與邊緣化。但本書引用新研究說明近代史上中亞
仍然是世界貿易體系的一部分，只是在貨品與通路上有所
改變。貨品的流通從過去的東西向改為南北向。中亞成為
俄國與中國、印度貿易的中繼站，奴隸、馬匹與毛皮成為
主要貨品。但是中亞某些地區確實出現經濟衰退與人口減
少的現象，這與沙俄和清朝的侵逼有密切關係，例如哈薩
克人與衛拉特蒙古人。據此看來，作者實揭示了這個問題
在不同層面上的複雜性。

　　限於篇幅與作者本人的專業關注，本書在討論西藏在
中亞歷史上的影響時，相對而言比較簡略。中文讀者若對

這個議題有興趣，可以參考佐藤長、林冠群與王小甫等學者的相關著作。[7] 另外，同樣是近年出版的中亞通史中文作品，還可以參考充滿精美地圖的《全彩圖解中央歐亞史》[8]，以及著重十八世紀中葉以來中亞史的《被遺忘的中亞》[9] 等近作。這些都可以作為本書的延伸讀物。

最後需要說明的是，本書先前已有一個繁體中文版譯本，即由李政賢博士翻譯的《一帶一路：帶你走入中亞的歷史》，可惜已不在市面上流通。[10] 新版在翻譯過程中經與作者討論後，修訂了一些英文原版的錯誤，而且增加了作者的中文版序，希望提供一個中文讀者一個更新的選擇。

綜上所述，本書可以算是市面上較新近、篇幅最短，且最深入淺出的中亞通史入門書籍，對世界史與中亞史有興趣的學生與社會大眾而言，是不可錯過的好書。

註釋

1　本文部分內容曾刊於〈評 Peter B. Golden, *Central Asia in World History*〉，《全球史評論》第 7 輯（2014 年），頁 292-296，以及〈歐亞歷史上的輻輳之地〉，收入《從馬可波羅到馬戛爾尼：蒙古時代以降的內亞與中國》（新北：八旗文化，2020 年）。

2　關於採取這種中亞定義的研究，例如：阿迪卜·哈利德著，黃楷君譯，《被遺忘的中亞：從帝國征服到當代，交織與分歧的中亞近代大歷史》（臺北：時報文化，2024 年）。

3　芮傳明等譯，《中亞文明史》，6 卷（北京：中國對外翻譯出版公司，2002–2013 年）。

4　Andre Gunder Frank, "The Centrality of Central Asia," *Studies in History* 8, no. 1 (1992): 43–97. 中譯參見：安德烈·貢德·弗蘭克著，袁劍譯，〈中亞的中央性〉，《全球史評論》第 11 輯（2016 年），頁 16–74。

5　David Christian, "Inner Eurasia as a Unit of World History," *Journal of World History* 5, no. 2 (1994): 173–211. 該作者已有中譯作品包括：王睿譯，《極簡人類史：從宇宙大爆炸到 21 世紀》（新北：遠足文化，2017 年）；拾已安、王若馨譯，《Big History 大歷史：跨越 130 億年時空，打破知識藩籬的時間旅圖》（新北：聯經出版，2018 年）；蔡耀緯譯，《起源的故事》（臺北：馬可孛羅，2019 年）。

6　Christopher I. Beckwith, *Empires of the Silk Road: A History of Central Eurasia from the Bronze Age to the Present* (Princeton, NJ: Princeton University Press, 2009), Ch. 12 & Epilogue. 中譯本參見：白桂思著，苑默文譯，《絲路上的帝國：歐亞大陸的心臟地帶，引領世界文明發展的中亞史》（新北：聯經出版，2022 年），第十二章與尾聲。

7　林冠群，《唐代吐蕃史研究》（臺北：聯經出版，2011 年）、《玉帛干戈：唐蕃關係史研究》（新北：聯經出版，2016 年）；佐藤長著，金偉、吳彥與金如沙譯，《古代西藏史研究》（臺北：新文豐，2019 年）；王小

甫，《唐、吐蕃、大食政治關係史》（北京：生活・讀書・新知三聯書店，2021 年）。

8　金浩東著，鄒宜姮譯，《全彩圖解中央歐亞史：再現騎馬遊牧民的世界，二千年草原文明演變》（新北：八旗文化，2022 年）。

9　前揭《被遺忘的中亞》。

10　彼得・高登著，李政賢譯，《一帶一路：帶你走入中亞的歷史》（臺北：五南出版，2017 年）。

本書題獻給盈珍

中文版作者序

　　很高興得知拙著被譯為中文的消息。雖然本書原先的設想是為了英語讀者而寫就，而他們對於書中提及的許多民族與地名僅有淺薄的認識，但我也一直心繫中文讀者群。中亞民族與中文文化圈的互動已歷經兩千多年，而這種互動既緊密也長久，並且表現在政治、經濟、社會與文化等多重層面，更在歷史上有著千絲萬縷的聯繫。中文版的出版能夠促進兩個文化圈的交流與理解，因而也是極具意義的事。

　　在原先收錄本書之系列叢書編輯的要求下，我的目標是以盡可能以最短的篇幅將一片廣袤區域的三千餘年歷史做一個摘要，而這塊區域則是一個從滿洲森林延伸至匈牙利平原的政治、經濟與文化區。這塊土地上的民族對於整個歐亞（即歐洲與亞洲大陸）的歷史與文化有著直接的影響。這也是一個文明、宗教與政治形構的匯聚之地，而在

形塑現代世界上扮演關鍵角色。更確切地說，我們或許可以說，現代全球化的早期元素能夠追溯到中亞的帝國結構之中。

　　作為牛津大學出版社的「新牛津世界史」（The New Oxford World History）系列叢書的一部分，《世界史上的中亞》的主要讀者是大學生以及對這個課題有興趣的一般大眾。因此，本書在本質上是一本導論性書籍，並非為這個領域的專家學者所作，即便書中也許有些地方會讓他們感興趣。我在這些課題上已經以英文、土耳其文和俄文寫了更加詳細的著作。

　　我也要感謝蔡偉傑在翻譯本書過程中所付出的用心與努力。

彼得・高登

美國新澤西州

2024 年 11 月

目次

地圖目次

民族的層積

A LAYERING OF PEOPLES

[1]　　　在歷史上，中亞人並沒有一個總括的詞語來稱呼該地區與諸民族。中亞人認同的主要構成要素是氏族、部族、地位、地域或宗教等紐帶，而且這些紐帶常常是多重疊加的。對其廣大遊牧人口而言，政治劃界並不重要。控制了人民就控制了領土。

　　　中亞作為千年來東西方之間的橋樑，受到了中國、印度、伊朗、地中海諸島，以及新近的俄國所影響。它也是薩滿、佛教徒、祆教徒、猶太教徒、基督徒與穆斯林的彙聚之處。其變換的族群、語言、政治與文化邊界包含了兩種互相影響卻有基礎差異的生活方式，而這兩者各居於不同的生態宜居區當中：一為綠洲定居人群，另一則為草原遊牧民。上古與中世紀的觀察家認為中亞位於「文明」的邊際。由於中亞孕育了前現代時期最廣大的帝國，故現代史學家視其為歐亞歷史的「核心地區」或「樞紐」。

　　　中亞占了地球陸地將近七分之一的面積，約八百萬平方英里。今天，中亞西部的人群主要是穆斯林，並且由新近獨立的前蘇聯國家所組成：土庫曼、烏茲別克、哈薩

克、吉爾吉斯與塔吉克，即歷史上所謂的「西突厥斯坦」
（Turkestan）。[1] 蘇聯的政策決定了這些現代國家的名稱與
邊界，企圖將政治劃分的領土與特定的民族－語言群體聯
結在一起，而這些群體則依據政治需求來加以定義。此舉
亦為中亞史上首見。以穆斯林為主的中亞地區亦包括了中
國新疆（亦稱為「東突厥斯坦」）以及其原住民維吾爾族
和其他突厥－穆斯林人口。現今位於阿姆河與新疆之間的
大半區域，在語言上通行突厥語，不過在過去主要以伊朗
語為主。這個語言轉變已經進行了 1500 年，並且創造了一
個「突厥－波斯」文化世界。往南，與其北方鄰居有著族
群性和語言連結的阿富汗則是這個混合的縮影。[2]

中亞東部主要人口為佛教徒，由蒙古（今日被分隔為
蒙古國與中國內蒙古自治區）與滿洲地區所組成。西藏儘
管在語言上與中亞截然不同，不過在中亞事務上卻多次扮
演重要角色。

位於伏爾加河與西伯利亞西部的森林－草原區則有
大量穆斯林突厥人口，其歷史與文化根源則位於中亞。在 [3]

現代中亞

巴倫支海

烏拉爾山

莫斯科

烏德莫爾特

喀山

韃靼斯坦

巴什基爾地區

烏法

基輔

伏爾加河

烏克蘭

哈薩克

鹹海

巴爾喀什湖

伊斯坦堡

黑海

阿拉木圖

比斯凱克

土耳其

裏海

烏茲別克

塔什干

吉爾吉斯

土庫曼

布哈拉

喀什噶爾

地中海

敘利亞

撒馬爾罕

塔吉克

杜桑貝

阿什哈巴特

梅爾夫
（木鹿）

伊拉克

德黑蘭

紅海

伊朗

阿富汗

印度河

巴基斯坦

波斯灣

印度

政治與文化上，中亞作為民族的輸出者，其範圍也延伸到
匈牙利、烏克蘭、俄國與中東。混合了匈牙利到阿爾泰山
（Altay Mountains）的大草原（prairie）、沙漠與半沙漠
的草原（steppe），再加上滿洲地區（Manchuria）的森林，
就是中亞主要的生態區。儘管中亞一年當中有三分之一的
時間被雪所覆蓋，其豐美的草場仍舊能養育廣大的畜群。
在海一般浩瀚草場的沿邊，酷熱的沙漠（綠洲點綴其間）
則是最常見的特徵，特別在南邊。這個區域的乾燥是如
此之強烈，以致匈牙利裔英籍探險家奧萊爾‧斯坦因爵士
（Sir Aurel Stein）於二十世紀初從新疆東部的羅布泊（Lop
Nor）一處保存良好之中世紀「廢物堆」發掘的材料中，仍
舊能夠聞到其強烈的惡臭氣味。[2] 而從白雪覆蓋之山上融化
的雪水所形成的河流，則會在夏季的暑熱下變成水窪或乾
涸的河床。土壤侵蝕與乾燥的問題持續存在。

引人注目的是，植物在沙漠中仍舊存活著，在春季
時開花，而在漫長的夏季與冬季休眠。農業之所以能在
綠洲興盛起來，則是拜河流的滋養所賜，如澤拉夫尚河
（Zeravshan）、阿姆河（Amu Darya）與錫爾河（Syr

Darya）。後兩者流入鹹海（Aral Sea，實際上算是個大湖），
但如今它遭到嚴重汙染一事則令人感到遺憾。中亞的河流
一年中有超過二分之一的時間處於部分冰封狀態，而且這
段時間常常會延長。不同於中國、印度、美索不達米亞與
埃及等四大文明，中亞的河流沿岸相對人煙稀少，而且也
不是商業與交通動脈。蒙古的鄂爾渾河（Orkhon）、色楞
格河（Selenge）與克魯倫河（Kerulen）與偉大的草原帝國
有所關聯，但是在其中並未扮演主要的經濟角色。除了捕
魚以外，遊牧民從不利用河流。所謂的水上旅行通常指的
就只是用動物皮所製成的皮筏渡過河流淺灘而已。

　　草原居民與其鄰近農業國家（agrarian states）之間的
互動形塑了吾人關於中亞的知識。定居社會的記載通常存有
對遊牧民的文化偏見，認為這些人住在「不適人居的蠻荒
之地」。[3] 古代波斯傳統將阿姆河以北使用伊朗語（及後來
的突厥語）之凶猛民族的遊牧世界「圖蘭」（*Turan*）與「伊
朗」（*Iran*，歷史上又稱為「波斯」）對比為善惡之爭。[4]
許多用來稱呼這些民族的漢字習慣上英譯為「barbarian」，
但其實這些詞語有著微小差異，其意義則可指稱從相對中

性的「附庸」（vassal）與「域外」（foreign），到帶有貶義的「野蠻」（barbarous）。[5] 中國史家無意隱藏他們對遊牧民「原始」習俗、飲食，以及用動物毛皮與毛氈製成之衣著的嫌惡。

然而，考古的發現顯示有部分遊牧民過著富裕甚至奢侈的生活，而且這些情形也被前述抱持輕蔑態度的同時期觀察家所證實。他們在皮衣裡加上從中國獲得的絲綢以及來自伊朗的其他珍貴織品作為襯裡，這在寒冷的天氣中有其必要。他們也在其華麗的服飾上大量使用金質或鍍金的物品。哈薩克「金人」的儀式性服飾多半以黃金或以金製物品裝飾，並且充以金質的高頭飾（這些高頭飾直到中世紀在婦女當中仍然十分常見──確實有些考古學者認為這些所謂的「金人」可能實際上是女戰士祭司）。這顯示了「野蠻人」的衣著，一種早期全金製版本的禮帽與燕尾服，其實一點也不原始。[6] 遊牧民有著豐富的口述詩詞、歌曲與音樂的傳統。有些學者將弓絃樂器的發明歸功於遊牧民，例如小提琴的祖先也許是衍生自中亞民族的庫布孜（*qobïz*），至今哈薩克與吉爾吉斯人仍然演奏這種樂器。始於七或八世

[5]

[6]

紀之最古老的「馬頭琴」樣品（蒙語稱之為 *morin khuur*）
於 2008 年在蒙古國的一處戰士墓葬中出土。[7]

這種「野蠻落後」與「高貴的野蠻人」的主題在上古
與中世紀作家的作品中相當常見，這描繪了他們將其視為
異國世界的認識。事實上，遊牧民與其「已開化」的鄰居
相較之下並沒有比較嗜血或貪婪。生活在草原上是艱苦的，
但是許多遊牧民感覺他們的生活比那些一輩子辛苦耕地的
人來得優越許多。由於具有豐富與世界性的文化加上其農
業和商業導向的經濟，中亞都市地區與其遊牧鄰居存在著
共生關係，並且扮演連結草原與農業區的角色。

中亞歷史的關鍵主題之一就是民族和語言的移動以
及新族群實體的創造。語言通常被歸類為許多「語系」
（families），意指這些語言在語言學上（但不必然是生
物學上）有著共同起源。在中亞歷史上有兩種語系占有主
宰地位，分別是印歐語系和阿爾泰語系。印歐人於西元前
4500 年至西元前 4000 年間在黑海草原上形成了一個語言共
同體。到了西元前 3000 年或西元前 2500 年，這個共同體

開始分裂，部分人群移入中亞、南亞與西亞，以及地中海北岸。[8] 其語言學上的後裔從南亞的印度語使用者（印地－烏爾都語〔Hindi-Urdu languages〕、旁遮普語，以及許多在印度次大陸上的其他語言）與伊朗、阿富汗與中亞的伊朗語使用者（波斯語、塔吉克語、普什圖語和其他伊朗語），延伸到不列顛島並包括所有歐洲語言，但不包括巴斯克語、芬蘭語（Finnish）、愛沙尼亞語和相關的芬蘭語（Finnic），及其遠親匈牙利語。

阿爾泰語的使用者位於南西伯利亞、東蒙古與滿洲地區。阿爾泰語的成員包括了土耳其語和在中亞所使用的其他各種突厥語（如烏茲別克語、哈薩克語和維吾爾語），另外還有蒙古語。在蒙古國、內蒙古以及中國和俄國接壤地區（包括伏爾加河地區的卡爾梅克人）境內發現了各類蒙古語形式。滿語（如今瀕臨滅絕）及在滿洲地區人口較少的通古斯民族則構成了阿爾泰語的東部分支。有些學者會將韓語及日語的祖先納入阿爾泰語的「家族」當中。而其他學者不僅拒斥這個連結，而且也爭論阿爾泰語（Altaic language）作為一個語系的想法。更確切地說，他們主張不

[7]

同阿爾泰語言之間的相似之處僅僅是數個世紀以來互動及
語彙採借的結果。[9]

　　如同中亞歷史所充分證明的，中世紀與現代「民族」
（peoples）常常是許多族群和語言層在時間中混合的產
物，並且帶有不小程度的政治算計，特別是在現代。一種
語言散播的方式並非總是那麼清楚無疑。征服、大規模遷
徙，以及一個民族被另一個完全取代是一種模式。而另一
種模式的特徵則是逐漸滲透、互動，與因而產生的雙語並
用（bilingualism）。遷徙的人群本身常常就是廣泛的族群
和語言互動的產物。隨著每次新的移動，族名以及隨其名
稱相關的語言改變會以接力賽的形式傳遞給另一個人群。
其結果是，擁有相同名稱且使用同一語言的人們可能實際
上具有多重與相異的起源。民族的移動製造了一幅錯綜複 [8]
雜的馬賽克圖案。今日我們所見到的族群－語言地圖僅僅
是在某個時間點上對前述混合的點滴瞭解，而這個混合已
經發生了超過千年以上。民族的創造仍然是個持續進行中
的過程。

第一章　遊牧與綠洲城邦的興起

THE RISE OF NOMADISM AND
THE OASIS CITY-STATES

[9]　　起源於非洲的現代人類（智人）大約於四萬年前的冰河期進入中亞，原因也許是為了追逐獵物。到了西元前10000 年至西元前 8000 年，在當時的全球總人口約一千萬人當中，也許有將近五十萬人居住於中亞與西伯利亞。當時存在數條遷徙路線，一條是經由中東，另一條則去往東亞，其餘的則從東亞前往中亞。農業於西元前 6000 年前開始發展。農業也許起源於中亞當地，但也可能是透過來自其他地區的農民移入所造成的結果，特別是來到中亞西南邊緣（今日的土庫曼）的中東與歐洲人。他們種植小麥與大麥。農業呈間歇性發展；而聚落也被棄置。

　　約略過了三千年後，灌溉渠道的建設為農業與人口增長確立了更為可靠的基礎。往西跟埃蘭（Elam，位於伊朗西南部）與蘇美人所屬的美索不達米亞發展了聯繫，向東則與阿富汗和印度發展了聯繫。有些聚落似乎與印度河流域（在今日之印度西北部與巴基斯坦）的哈拉帕文明（Harappan civilization，約在西元前 3000 年至西元前2000 年間）有所連結，甚或衍生自該文明。早期的達羅毗荼人（Dravidian people，現今集中在印度南部）可能散布

遍及於中亞南部邊緣各地，並從印度到伊朗之間建立了一系列聚落，甚至可能包括了埃蘭，儘管這個說法仍舊存在爭議。如今在伊朗東部、阿富汗南部與巴基斯坦有將近一百萬布拉灰人（Brahui），他們可能就是中亞族群馬賽克圖案中之史前達羅毗荼民族層的遺存。在定居在這片廣袤區域中的人群中，也無疑還有其他民族尚未被識別出來。例如語言學證據暗示巴基斯坦北部的布魯夏斯基語（Burushaski）與其周圍的語言都不相關，其也許與位於高加索東北部之達吉斯坦（Daghestan）所使用的語言有關係，然而這個假說並未被廣泛接受。中亞的族群史前史及其與印度次大陸和中東之間的早期連結已經得到充分闡明。貨物在星羅棋布的聚落間傳送，創造了在印度、伊朗與美索不達米亞之間的貿易接觸，而這些接觸都得經過中亞。在西元前三千紀晚期（the late third millennium BCE），城鎮在土庫曼興起，伴隨著從事灌溉農業、手工業與冶金業的人口出現。他們發展了組織性的宗教制度，而位於阿爾丁特佩（Altïn-Depe）之奉獻給月神的金字形神塔（ziggurat temple）可資佐證，該地位於土庫曼的首都阿什哈巴特（Ashkhabad，或作 Ashghabat）東南方約三小時車程處。早期文字系統受到

[10]

埃蘭、蘇美爾（Sumeria）與哈拉帕影響的證據也可在印章
中發現，而這些印章長久以來就用於標誌統治者和祭司所
使用的物件。這種早期都市文化，及其文字和社會分化的
跡象在西元前二千紀晚期及西元前一千紀初期之間衰微，
這也許是因為過度開墾或是災難性的氣候變化所導致的。
在西元前一千紀時，伊朗諸民族遷徙至此，他們大多數也
許是從黑海草原或中亞更為北部的區域過來的。

　　西元前六千紀至前四千紀，採獵者與捕魚人口多半居
住在土庫曼南部之農業社群北邊的地區。有著廣大豐美牧
草的草原對於早期農民而言更具吸引力，他們相當看重畜
養牲畜。這個過程由於缺乏資料，因此難以確實追溯。當
人們移居到新的土地上時，即會改變其經濟生業的重心。
馬的馴化確實是一個轉捩點，這也許早在西元前 4800 年
（這個定年尚有激烈爭議）即已發生，最可能的發生地點
則是東歐大草原（Ponto-Caspian steppes）。到了約西元前
4000 年時，牧民－消費者（herdsmen-consumer）對於利用
其馬匹來滿足除了食物以外的廣泛用途一事已經更加熟練。
他們用馬皮製作衣物與居所，並且利用其力量來作為「馱

獸」。約於西元前 3700 年，[1] 他們開始駕馭牠們，並且將
牠們獻祭給神祇。到了西元前 2000 年有些僅能維持生計的
農民進行起季節性的遷徙，前往草原上既有的草場，且他
們變得大為仰賴其畜群（如果不是全然的話）。他們變成
了遊牧民。其中有許多人保有其他技術，例如農業、灌溉
與冶金術，後者在烏拉爾（Ural）及其他地區得到了高度發
展。隨著情況需要，他們會輪替使用低階或高階技術以適
應環境，這跟今日的遊牧民所做的如出一轍。

　　有的學者認為這種從農業向遊牧的轉變起源於草原西
部。其他學者則認為這種轉變獨立發生於草原的東部與西 [11]
部，或是始於南西伯利亞與滿洲森林地區的馴鹿牧民當中，
他們在草原上調整其技術以便適應草原上的牲畜管理。我
們對這個過程所認識的形象，隨著新的考古發現以及對證
據的新詮釋而持續有所改變，不過這些新詮釋常常互相矛
盾。沒有人能確定完全的遊牧在何處或為何首度發展起來。
在這當中起主要作用的因素可能包括了氣候變遷、對牲畜
的需求增加、安全考量與新技術。西元前三千紀，飼養牲
畜的人口與其畜群的數目開始增加。他們移居得更遠而進

入草原，並且放牧成了他們的主要生業。當然，狩獵持續
是食物的重要來源。這點對後來的遊牧民而言也相同。有
組織的狩獵也被當作是一種軍事訓練的形式。到了西元前
二千紀初期（約西元前 1700 － 前 1500 年），騎馬的人群
明顯在一些居住在草原上的牧民當中出現。當他們帶著畜
群在不同草場間移動時，馬和牛拖著兩輪貨車或四輪貨車，
而車上則載有攜帶式住房，很像美國西部的篷車。畜群的
組成也有所改變，能適應較長距離遷徙的馬匹跟綿羊更受
青睞。馬匹構成了總牲口的 36% 之多。對馬力的駕馭有著
更為不祥的軍事結果，導致了在印歐民族草原上的一段遷
徙混亂時期，這些印歐民族帶來了以騎馬為主的戰爭。這
個過程分兩個階段展開。第一階段，二輪馬車與後來的戰
車出現，也許是發明於中亞。在辛塔什塔（Sintashta）所發
現的早期類型始於約西元前 2000 年，該地是位於烏拉爾山
南部草原區的一個防備嚴密的聚落，也屬於辛塔什塔－也
里可溫－彼德羅夫卡（Sintashta-Arkaim-Petrovka）考古文
化叢的一部分。辛塔什塔及其高度發展的冶金技術（這指
出也許當時有武器生產且為一更加軍事化的時期）則是在
這塊草原上逐步發展之都市聚落網絡的一部分。蘇聯學者

將其命名為「城鎮之國」。到了西元前二千紀,戰車傳入了中國與中東。

　　第二個階段則與傳統複合弓(compound or composite bow)的發明有關,後者是由木材、動物的角與肌腱所製成。這對草原上的戰爭起了革命性的作用,因為它強而有力,體積相對較小,最重要的是它可以輕易從馬背上朝任一方向發射弓箭。其來源可以追溯到西元前三千紀的埃及,但其他人認為它起源於西元前 1000 年左右。在當時的歐亞草原上,零星的馬上騎士變成了訓練有素的騎兵,並且他們組織成軍隊時仰賴著某種意識形態,即推崇作為受過訓練之團體一部分的勇士,而非追求個人榮耀的戰士(即便這 [12] 種人所在多有)。戰車技術變成了昨日黃花。[2] 當馬上的騎士更有系統地劫掠其草原鄰居並且尋求獲取定居世界的產品時,伴隨而來的鐵製武器傳播也使戰爭更加白熱化。如今戰爭需要更加廣泛的組織形式,這也導致了大型部落聯盟的興起。

　　遊牧民掌握了馬匹運載的移動力(並且擁有世界絕大

部分的馬匹），成為令人懼怕的戰士，其閃電般的襲擊與
雲海般的箭矢令其對手聞風喪膽。數千年來，他們的戰爭
模式幾無改變。他們出征時會帶上五匹以上的馬，通常在
戰爭過程中會替換數次。這樣常能在其真實數量上矇騙其
對手，並且讓他們能夠連續發動新的進攻。當他們面對更
強大或勢均力敵的對手時，遊牧民並不會認為從戰鬥中迅
速脫離有失顏面。即便如此，他們仍舊是一種威脅，因為
他們向後方射出的箭仍舊有著致命的準確性。此外，佯退
以誘使敵人陷入埋伏也是他們最喜用的策略。

　　這個戰士社會仰賴高度組織化的牲畜生產策略，其中
也包括了長期季節性遷徙（即完全性的遊牧）。其他的則
是半遊牧民，主要為農民，但也有最小幅度的遷徙。遷徙
並非毫無目標的逐水草而居，而是沿著計畫嚴密且受到保
護的路線與草地而行。畜群的多寡與綿羊、馬、牛、駱駝、
山羊與犛牛的混合隨著當地生態而有所變化。這些因素也
決定了賴以為生的人數。遊牧不同於農業社會，它並非勞
力密集的生產方式，並且不需要為了生產而維持大量人口。
一到兩名牧人就能夠應付有數百頭綿羊的畜群。而一個騎

手則可以管理更多的羊群或甚至是一個有百來匹馬的馬群。

　　遊牧牲畜的飼養是一種家族事業。當畜群需要廣大的草地時，遊牧民會分為小單位來紮營，通常是由四到五個有關係的家庭組成。在需要額外人手時，該家庭會求取其他親戚的幫忙。奴隸制自古以來就存在於遊牧社會，通常僅限於少數的家奴，他們主要是透過搶掠而俘獲的人。如今，一個有百餘頭牲口的畜群就能養活一個普通牧民家庭，一般有五個人（父母、兩個小孩加上一個祖輩人）。這跟過去大致相同。關於遊牧民的家庭生活，古代與中世紀的記載提供的資訊並不多。而現代民族誌學者則將其描述為一個具有高度秩序的父權社會，在家戶中有著嚴格的社會規範。例如，現代的土庫曼新婚夫妻不能在他們的姻親與年長親戚面前說話或進食。年輕的妻子是透過支付聘金（或 [13] 強搶）所得來的。她們在生育了數個兒子後，在家中會有較高地位，因為男性被視為世系的繼承者。女兒僅僅被視為「客人」，只要時間一到，她們就會離家到其他家庭去。土庫曼人以其先祖為傲，並且能夠背誦出數代以前的祖先名諱。[3]

　　富人偶爾會在危難時幫助其較為窮困的親人。如果後
者的命運未能改變，那麼他們要麼變得更加依賴前者，要
麼放棄遊牧而定居成為農民。這被視為極度有失身分地位
的事。像這些走投無路的遊牧民為當地頭目的戰團提供了
自願的新兵。財富是以馬匹和綿羊來衡量的，而後者則構
成了牲口的最大宗。綿羊生性堅韌而容易管理，並且牠們
提供了肉、皮與羊毛。馬匹則被視為畜群中最有價值且最
具有聲望者，提供了肉、奶和交通工具。牠們對於牧民管
理其經濟以及和外在世界打交道上具有舉足輕重的地位。
牠們能夠提供牧民在戰鬥中的主要優勢——即機動性。駱
駝（雙峰駝的異種）則相對常見，在沙漠與半沙漠區運輸
上特別有用。山羊不受珍視，通常為較窮苦的遊牧民所畜
養。牛的數量則保持得更少。動物疫病、難以預料的氣候
變化，以及特別可怕的天災（*jut*，霜害與接踵而來的冰融）
都會造成畜群的大量損失。雖然六到九成的可生育母畜可
能在一年內生育幼崽，但死亡率很高，在三成至六成之間。
當牧民有多餘的牲畜時，就會把它拿去跟城鎮居民交換食
物、衣物與武器，有的人因此積累了大量財富。

[14]

　　遊牧民在不同的季度裡，會將其畜群從一塊草場移到另一塊草場上。在草原上，冬季是最嚴酷的季節。而能夠提供躲避惡劣天候之處，諸如河谷、遠離大風的山腰或接近森林的地區，都有利於設置冬窩子。為此，有些森林被視為聖地或避難所。遊牧民也群居於河岸，在不需遷徙的時節捕魚。夏窩子則偏好設在高地，靠近淡水的源頭，這些淡水在炎熱的平地上常常乾涸。通常冬天向南遷徙，夏天向北移居。旅行的距離長度不定。行「水平」遷徙的人們會橫越草原，常常旅行超過數百英里。其他行「垂直」遊牧的人則會將其畜群趕到山間上下遷移，所跨越的距離要短得多。遷徙的路線是一個氏族或部落的資產。爭奪草場會產生一種骨牌效應，把某些部落推入定居世界當中。而會被歷史材料所記載的，通常正是這些例子。

　　外界的觀察者經常強調遊牧民的貪婪與渴求（然而卻忽視了其自身的同樣行徑）。實際上，遊牧民與定居世界的互動既非立基於貪慾之上，他們之間也並非時時為敵。兩者間甚至更是共生關係。有位美國學者名叫拉鐵摩爾（Owen Lattimore），同時也是旅行家和老牌「中國通」，

且一度搭乘篷車遍遊華北與蒙古各地。他曾寫道：「窮苦的遊牧民才是純正的遊牧民。」[4] 雖然對遊牧民來說，他們有可能仰賴其肉類、乳製品以及一些有限的農業來維生（古代遊牧民的確可能比古代農民吃得好[5]），但他們也想要獲取由定居社會所生產的衣物、酒與食品；另外還有金、銀以及寶石所製作的物品。此外，後者也是其他製品的重要來源，特別是武器（即便遊牧民的鐵匠在當地也相當能幹），以及那些直接有益於遊牧生活方式的發明。

[15] 　　舉例來說，馬的胸帶（攀胸）與傳統複合弓都來自定居世界。與騎馬之生活方式息息相關的鐵製馬鐙，也許是從東亞傳入中亞的（早期的馬鐙是以像動物皮革這類較不耐用的有機材質所製成的）。關於其源起與傳布的確切時間仍然爭議不斷。考慮到這點，也許能說至少在歷史上，「純正的」遊牧民常常是較為貧困的遊牧民，他們缺乏與定居世界的接觸機會。而接觸機會通常立基於權力關係上。對遊牧民而言，搶掠或貿易都是為了達到相同目的的交替策略。而他們會選擇最划算的策略。他們的鄰居（特別是中國）則企圖透過開放或關閉邊市以便控制遊牧民的行為。

　　遊牧民與定居世界的關係需要某人能為該群體（氏族、部族或民族）發言。這裡指的是政治組織。在一個缺乏永久邊界的社會裡，親屬關係（無論是真實或「被發明」的）提供了最重要的政治連結。遊牧民由「氏族」與「部族」（氏族聯盟）所組成，而通常外人並未能正確理解這些詞語。理論上，一個氏族的所有成員都是來自於同一個祖先。一個部族的所有氏族都來自於一個更遠的祖先。事實上這些紐帶都相當具有流動性，並受政治需要支配而被創造與遺忘。部族常會組成聯盟，且通常會採用占有政治優勢的部族名稱。當這些聯盟解體後，他們常會以稍微不同的形貌重組在新的統治部族名稱之下。

　　國家在草原社會中並非正常狀態。遊牧民的政治組織在帝國與無國家之聯盟的多種形式之間擺盪，以便回應由鄰近國家企圖操縱其內部事務所挑起的軍事侵略或內部危機。中國財富的誘惑與其力量在草原上的間歇投射可能會將遊牧民推往國家形構的方向。在草原西部則欠缺這樣的刺激。遊牧民一般來說並不會試圖征服定居社會。同樣地，相鄰的帝國（如中國與伊斯蘭教傳入以前的伊朗）大膽深

入草原的情形也僅僅是罕見之舉。這種戰役既耗費財力也危機四伏。中國與拜占庭更偏好使用賄賂、外交，以及「以夷治夷」等策略。[6]

當遊牧民真的征服了定居人群的土地時，他們會打造出強而有力的統治家族，快速採借了定居王朝帝國的外貌，[16] 並且試圖將其遊牧追隨者轉變為定居屬民。而這並非普通遊牧民所追求的報償。又，被遊牧民征服也常會重塑定居民族的部分政治制度，而這是透過遊牧民將其政治文化的元素置於被征服國家既存的制度之上而達成的。

遊牧帝國最早是始於征服其他遊牧民，並將他們納入部族聯盟當中，而這種部族聯盟常常並不穩定。在族群多元和語言多樣的情況下，遊牧國家內部充滿了對抗的力量。其中有貴族與平民。某些氏族地位較其他的為高。一個氏族或部族酋長會被期待分享他部分的財富給其跟隨者。吝嗇的領導者會失去其部眾——而且有時還包括他們自己的性命。心有不甘的臣屬民族是會叛變的。

　　商業也使相距遙遠的人們相繫在一起。擴張中的阿契美尼德波斯帝國（Achaemenid Persian Empire）（西元前559年－前330年）其吸納力將中亞拉進了古代世界的橫貫大陸貿易當中。在中世紀初，中亞成為絲綢之路的中心連結，這是一個由時常改變的商隊路線所連接起來的歐亞城市網絡。它把中國的產品（特別是絲綢）帶往西方，經過中亞到達伊朗。伊朗在整個地中海世界出售這些物品而獲取巨額利潤。又，中國作為前現代世界的技術強權則獲得一整批的異國物品與食物，這些是來自中亞（例如極為昂貴的「撒馬爾罕的金桃」）以及更為西面之地（例如源自伊朗的獅子）。[7]

　　大草原上的遊牧民保護著這些重要的商業通道。這些路線是危險的，特別是那些穿越沙漠的路線，遍布人類與野獸的枯骨。蒙古有戈壁（這個字在蒙語中即意為沙漠），新疆則有更駭人的塔克拉瑪干沙漠（在大小上僅次於撒哈拉沙漠），以及土庫曼有卡拉庫姆沙漠（Qara Qum，意為黑沙）。即便時至今日，土庫曼的父母還會在其孩子的衣服縫上小鈴鐺，以便在流沙中仍能辨明他們的位置。[8] 偶爾

風會吹移沙丘而讓古代建築的遺跡顯露出來。[9] 塔克拉瑪干沙漠則是難以到達，而出去又更是難上加難。根據某種通俗詞源學，「塔克拉瑪干」意指「只要你一進去，就別想離開」。在吐魯番（現今的維吾爾居民的發音則為吐魯潘），夏季的溫度可高達攝氏 78 度／華氏 128 度。庫爾提烏斯（Quintus Curtius）是一位於一至二世紀初研究亞歷山大大帝在粟特沙漠（位於烏茲別克）之戰役的羅馬史家。據他描述，夏天的豔陽使得沙子發光，並且「所有的東西都如同被持續的大火灼烤著一般」，使得這位征服者的大軍「又乾又渴」。[10] 但是，商人與朝聖者帶著他們的宗教、字母、技術與許多其他的文化工藝品、娛樂、物品與小玩意兒，穿越了東西向的草原道路。

[17]

　　遊牧民積極提倡遠距貿易，他們同時扮演了將其文化要素帶往更加廣闊的世界之仲介者以及承載者。某些種類的衣著（也許像褲子）、絃樂器與各種馬具可能都來自於草原。由於早期的接觸，草原民族在古代世界的民族誌傳說中，扮演著對歐洲文化遺產有所貢獻的角色。譬如說，草原女子參加戰鬥一事可能在形塑希臘的亞馬遜女戰士傳

說的過程中起了作用。女人在草原世界當中握有政治權力。

　　早期的遊牧民會避開中亞城市，除非那裡是他們想要的貨物來源地。然而，弔詭的是，正是遊牧因素把這些綠洲城邦引入了更大的政治單位當中。不然，考慮到距離與安全的限制，他們最常見的政治組織實際上是一個鬆散的聯盟。河中地區的綠洲本來使用伊朗語、獨立自主、四海一家、行貴族政治、為重視商貿的城邦、每個城邦都由一[18]個領主統治，而他只是「儕輩之首」。這些城邦不僅以商貿為導向，而且還很富有，創造了活躍的文化，這反映了他們在跨大陸商貿與智識上的興趣。他們渴求的不是政治上的優勢，而是商業與文化上的交換。然而，他們的商人、官僚與宗教人士卻變成了草原帝國的行政與文化生活的主要貢獻者。據一句中世紀突厥諺語所言：「突厥人與波斯人（*Tat*，意指定居的波斯人）孟不離焦，就像帽子離不開頭一樣。」[11] 這種關係也是互益的。

　　突厥－蒙古遊牧民造成了少數幾個持久的城市。在中亞，這些大城市主要是伊朗民族的傑作。論及古突厥語中

的「城市」，其中「罕／干」（kend/kent）明顯是借自伊朗語（kand 或 qand，如撒馬爾罕〔Samarkand〕的罕）。另一個字「八里」（balïq）的來源則尚有爭議。[12] 蒙語的「巴刺哈孫」（balghasun，意為城鎮、城市）起源於同一字，並且可能借自古突厥語。由遊牧民所建造的城市則多半是「斡耳朵」（ordu，亦作 orda、ordo）的產物，這個字自匈奴時代就已經開始使用，原意為「統治者的宮帳」。其意義後來擴大指首都，並且由於統治者身邊總有其軍隊跟隨，斡耳朵也就意指軍隊（英文中的「horde」即由此衍生而來）。那樣的「城市」通常很少有建築結構是以耐久性材料所建的，像是黏土或磚頭，毋寧說這是一群人的混合，包括了常駐的外國商人，而他們則住在遊牧民的帳篷中。後果是這些「城市」難以透過考古學來追溯。

遊牧領袖也會控制真正的城市，這些城市是築有高牆深溝的綠洲聚落，並由早期的伊朗部落所創造，有些部落約於西元前 500 年即已開始定居生活。九至十世紀的穆斯林地理學家與歷史學家描述這些城鎮時，提及了結實的牆壁、大門、以及兩者間的距離，還有通往它們的道路。他

們也強調了清真寺與其他宗教或文化建築，以及當地土產，當時的讀者對於這所有的事物都充滿了興趣。許多年來，考古學者已經在許多城市開展研究，例如布哈拉、撒馬爾罕與塔什干（原稱為石國〔Chach〕）。旅行者的行紀也提供了某些關於這些城市大小的資訊。以現代標準來看，它們都不算相當大。玄奘是一位七世紀的中國旅行者與佛教朝聖者。根據他的說法，撒馬爾罕「周二十餘里」，或約為七公里。其城鎮中心大約為兩平方公里大。

　　在這些城市當中有許多都遵循著相似的模式。它們被劃分為許多區塊，以中世紀的波斯和阿拉伯術語最為人所知。軍事政治核心為 *ark/arq*，也稱為 *kuhandîz/quhandîz*（有 [19] 時也縮短為 *kundûz* 或 *kundîz*），這是一個波斯字，意為「舊堡壘」或「要塞」，在阿拉伯語中常作 *qal'a*（堡壘、據點），通常位於城鎮中心當中。在這裡，統治者與其貼身護衛、軍隊司令官住在城堡裡。其庫房、官署、地方信仰（前伊斯蘭時期）的寺廟，甚至監獄也在其範圍內。在當時穆斯林地理學家開始書寫與城市相關的作品，前述的許多堡壘已淪為廢墟──因此「舊堡壘」一詞才會被用來描述它們。

後來的統治者通常致力於重建這些城市，對菁英而言是種都市更新的形式。許多稍小的都市聚落也有個 *kuhandîz*。

城鎮中心則稱為 *shahrisân*，也是另一個波斯字，衍生自 *shahr*（城市，阿拉伯語稱之為 *madîna*）。然而在布哈拉與彭吉肯特（Penjikent），*kuhandîz* 位於 *shahrisân* 的牆外，形成了它自己的政軍行政中心。而偏遠的郊區則被稱為 *rabaḍ*，這是一個阿拉伯字，不同於另一發音近似的阿拉伯字 *rabaṭ*（複數形為 *ribâṭ*），原先意為堡壘，上面林立著「為信仰而戰的戰士」，他們護衛著邊疆並且掠奪作為異教徒的突厥遊牧民。*Ribâṭ* 也意指「商隊停宿的旅館」（caravansary），等同於中世紀供旅人和商人住宿的汽車旅館。*Rabaḍ* 也可指包圍城鎮中心與郊區的牆壁。

被稱為 *rustak/rustâq* 的農業聚落則環繞城市而存在。它們生產讓中亞得以馳名的各種瓜類，還有水果、葡萄、蔬菜、穀物以及其他食品。織布業、製陶業、玻璃業與諸多器物製造業（範圍從廚具到武器）都是其經濟的重要部分。針對如塔拉茲（Taraz，位於哈薩克）與撒馬爾罕等城

市所進行的考古發掘顯示，這些產品的設計常常迎合了鄰近遊牧民與當地都市人口的風格喜好。例如從古代撒馬爾罕（阿夫拉西阿卜〔Afrasiyab〕考古遺址）所發現的寶石印記就有兩種風格：一種是描繪了有翅膀的公牛，反映了城鎮居民所偏愛的神話主題，另一種則是描繪了一頭逃跑的山羊，其脖子上還插了一支箭，這是遊牧民喜愛的狩獵場景之例證。鄰近山上有豐富礦藏的城市則成為採礦與製造中心，諸如青銅、鐵、黃金與白銀製造業等。

　　城市不僅僅是絲綢之路上的中途停留站，還是在草原上流動之貨物的主要提供者。有些商人變得富可敵國且擁有廣廈大屋，與當地的統治者一般，這都是炫富的表現。在進入伊斯蘭時代以前與之後的中亞，撒馬爾罕就是重要 [20] 的城市之一，其根源至少可以追溯到西元前 500 年。當亞歷山大大帝於西元前 329 年征服了希臘人所稱的「馬拉坎達」（Marakanda）時，它就已經是個興盛的城市了。納爾沙希（Narshakhî）在其於西元 940 年代所寫的《布哈拉史》（*History of Bukhara*）（布哈拉也是這個區域的另一個大城市）中，宣稱馬拉坎達的堡壘在三千年前就已經建立了。

　　中亞的都市與農業地帶在社會秩序、貴族以及平民上都有所差異。當使用突厥語的遊牧民取代了早先的伊朗系遊牧民時，自三至四世紀以降，又增加了語言上的區隔。然而，這些城市都適應過來了。他們需要遊牧民來促進其貿易以及保護他們不受其他遊牧民的侵擾。正是這個在所有層次上的政治、經濟、社會與文化互動，構成了中亞史連綿不絕的主題。

第二章

早期遊牧民：「明以戰攻為事」

THE EARLY NOMADS: "WARFARE IS
THEIR BUSINESS"

[21]　　約於西元前 3000 年至西元前 2500 年發生的印歐語族大分裂造成了橫跨歐亞及相鄰地域的民族大流徙。有一群吐火羅人（Tokharians）的祖先於西元前三千紀晚期至西元前二千紀初期抵達了新疆，[1] 這也使其成為中國與西方民族最古早也最持久的接觸點之一。另一群印度－伊朗人或稱印度－雅利安人（Indo-Aryans）也東向進入西伯利亞、蒙古、新疆，與巴基斯坦北部。其族名雅利安（Âryal/Âriya）一詞則衍生自印歐語，意為「主上（lord）、自由人」，以及最終「對陌生人展現殷勤款待的一家之主」。[2] 在當時這個詞尚未具有任何種族含義，直到二十世紀才有了種族含義。最晚至西元前 2000 年，作為農耕民與畜牧民的印度－伊朗人，已經分化為南亞的印度語人口，以及今日伊朗和中亞的伊朗語人口。

　　印度－雅利安人或許是取道今日之阿富汗而於西元前1500 年進入南亞，並且遇見了較早的哈拉帕文明（Harappan civilization）與達羅毗荼人（Dravidian peoples）。早先的想法是認為這是一場突然而且是大規模的入侵，使得這些較早的居民流離失所、並且遭到摧殘與奴役。近年來的新

研究則認為隨著新來的移民控制了這個長久以來處於衰微的地區，這種互動其實更加漸進且平和。³ 使用伊朗語的部落約於西元前 1500 至西元前 1000 年間進入了如今以其稱呼命名為伊朗的這塊土地，並把己身強加於一個多樣化的人口之上。在古波斯語中，他們也許會稱呼他們的新家園為 *âryânâm khshathram*（意為雅利安人的王國）。在中世紀初的波斯語中，這個詞變成 *Êrânshahr*，後來簡化為伊朗（*Irân*）。⁴

其他的印度－伊朗人在前往西伯利亞的路上接觸到使用烏拉語的北方森林民族（尤其是芬蘭人與匈牙利人的語言先祖），留下了他們在字詞上互相影響的痕跡，例如匈牙利語的 *tehen*（母牛）就源自於印度－伊朗語的 *dhainu*，而芬蘭語的 *parsas*（豬）源於印度－伊朗語的 *parsa*，最後芬蘭語的 *mete* 與匈牙利語的 *méz*（蜂蜜）則源於印度－伊朗語的 *madhu*。⁵ 其後，伊朗遊牧民接觸到位於蒙古和西伯 [22] 利亞的突厥和其他阿爾泰民族。他們是否將遊牧生活引介給當地人這點目前仍舊不明。正是隨著這些民族的移動，我們從史前史進入歷史時期，如今我們不僅要仰賴於透過

考古發掘的現存日常生活殘跡，也得仰賴於其鄰人所記錄下來的觀察。

在中亞，這些伊朗遊牧民被波斯人稱為塞種（*Saka*），而希臘人則稱之為斯基泰（*Scythians*）。他們成為了逐漸茁壯的中東與中國文明之間的重要連結。但是重要的工具（例如對定居社會的發展十分重要的文字）似乎直至西元一千紀以前仍未引入草原。刺激其他地區人口增長的農業革命在中亞草原這裡僅有零星的反映。遊牧民最為人所知的軍事才能展示在他們在馬背或戰車上的箭術。在古伊朗語中，*rathaeshtar*（貴族／勇士）一詞在字面上就意指「立於戰車上者」。

古代伊朗人相信萬事萬物（即便是抽象概念）都有活的靈魂。他們向水神、火神與其他元素的神靈獻祭。信徒也會吸取一種麻醉品，名為豪麻（*haoma*，梵文為蘇摩〔*soma*〕），以麻黃製成。勇士為了戰鬥而尋求獲致一種狂喜激動時，也會吸食這種刺激物。某一特殊的教士階級則每天舉行淨化儀禮。儀式純淨性的維持對於保持「阿莎」

（*asha*，即世界和宇宙的自然規律）有其必要性。阿莎支
配了日出、日落、季節與正義。人類是被創造來對此作出
貢獻的，而這可以透過為了真理和正義奮鬥以及對抗謊言
（*drug*）與邪惡來達成。

　　瑣羅亞斯德（Zoroaster，古伊朗語為查拉圖斯特拉
〔Zarathushtra〕，意為駱駝騎士）是一位宗教改革家，祆
教即以其名命名。[†]他很可能居住在中亞的阿姆河上游地區，
年代約為西元前 1200 至西元前 1000 年（有些學者則將其
年代定於西元前 1500 年或晚至西元前 600 年；而有些學者
則認為他居住在伊朗西北部地區）。在這片「雅利安人的
廣袤區域」（*âryânâm vaêjô*）中，瑣羅亞斯德強調古伊朗
信仰中的道德基礎，將阿胡拉・馬茲達（Ahura Mazda，智
慧之主）提升為至高神以及善之力量的統治者。他帶領了
對抗邪惡之力的主宰阿里曼（Ahriman）的鬥爭，阿里曼的
形象類似於猶太教－基督教－伊斯蘭教中的惡魔概念。瑣
羅亞斯德強調了人類對抗邪惡的責任。他相信他在四個三

† 　【譯註】即瑣羅亞斯德教，中國亦稱之為拜火教。

千年循環中的最後一個循環之初時得到了先知的天啟。自
他之後，每一千年會有一個類似救世主的人物出現。而他
們當中的最後一個是生自瑣羅亞斯德的奇蹟保存下來之種
子，他將會引領對阿里曼的最後鬥爭，那一天將是審判日
[23] （末日），也是善人到達天堂之時。雖然這些思想未能馬
上說服其同胞，但是卻對猶太教、基督教與伊斯蘭教產生
了深遠影響。

後來波斯薩珊王朝（Sasanid）的統治者將祆教定為其
帝國的國教，但是它從未在任一中亞國家中取得如此崇高
的地位。在伊朗也有其他世襲的教士階級和君王過從甚密，
而君王在古波斯語則被稱為 *magu*，其先祖源自於米底王國
（Medes，也是同樣使用伊朗語的民族）的教士部族，他們
於西元前 728 年起主宰了伊朗與鄰近地區，直到被大流士
（阿契美尼德帝國的創建者）治下的波斯於西元前 550 年
征服為止。祆教有時也被稱為「三王（Magi）的宗教」。
在中亞，祆教也被稱為馬茲達教（Mazdaism）或馬茲達崇
拜（Mazdayasnaism），並從地方信仰與其他宗教傳統中吸
收元素。

　　這些觀念似乎並未影響使用伊朗語的斯基泰人（西元　　[24]
前八世紀晚期至西元前四世紀）、後來取代前者的薩爾馬
提亞人（Sarmatians），或是後來從烏克蘭延伸到蒙古形成
一系列聯盟的伊朗遊牧民。希羅多德認為斯基泰人在軍事
上所向無敵。根據他的說法，他們會飲用其所殺死的敵人
之血，而將其頭顱呈獻給國王。這些勇士們會以其所殺死
的人之頭皮製成手巾與布料，並且將其頭骨製成酒杯。斯
基泰人在盟誓時會將鮮血（由參與盟誓的人所提供）與酒
混合後飲下，但在飲下之前會先以血酒浸泡其箭以及其他
武器。在每年的部族或氏族聚會上，那些曾殺死敵人的成
員則獲准和首領一同暢飲某種特別釀造的酒。那些未曾殺
死敵人的成員則會被禁止參加這個儀式，而這明顯是一種
羞辱。

　　希羅多德記述道，類似的伊塞頓人（Issedones）則是
會攝取其過世父親的肉，並且會將其與切過的綿羊與山羊
肉混合食用。然後清理死者的頭顱並鍍金，之後視其為「聖
像」並且每年祭拜之。撇開奇風異俗不談，希羅多德注意
到他們「嚴格遵守公義規則」且女子享有與男子「同等的

權力」。[6] 斯特拉波（Strabo）是西元前一世紀的希臘地理學家。他也針對相類之「粗野無文且好戰的」馬薩革泰人（Massagetae）說過類似的話，認為他們「在做生意時，直率且不熱衷於欺騙」。[7] 晚期斯基泰人的「動物風格」藝術以對動物的寫實與戲劇性描繪來表現他們對狩獵與自然世界的熱愛。斯基泰人相信動物具有魔力，並且他們將動物形象裝飾在其衣著、日常用具與武器上。

同時，其他伊朗人定居於部分的綠洲與肥沃的河谷，構成了位居今日烏茲別克的粟特（Sogdian）與花剌子模（Khwarazmian）民族，以及阿富汗的大夏人（Bactrians）。然而其他民族，例如于闐塞人（Khotanese Saka），則更向東移動並且在新疆建立數個綠洲城邦。許多伊朗民族雖然散居在中亞各地，仍舊維持了許多相似之處。正如中國的「太史公」司馬遷所言，自大宛（即中亞河中地區，Ferghana，指烏茲別克東部與塔吉克及吉爾吉斯交界處）至安息（伊朗）的伊朗人「然大同俗，相知言」，「善市賈，爭分銖。俗貴女子，女子所言而丈夫乃決正」。[8] 總體來說，關於他們的資訊相當稀少。當時以花剌子模（烏茲別克西部）與

大夏（Bactria，今阿富汗）為中心，也許已經存在某種鬆 [25]
散的政治組織。大夏、花剌子模，以及特別是粟特人，由
於居住在草原世界的邊界上而且和遊牧民熟悉，他們在作
為貿易中間人上處於極佳的位置。

　　居魯士（Cyrus）是首位建立大型陸地帝國的波斯人，
其帝國從近東延伸到印度北部，並且曾經入侵中亞。他征
服了大夏、粟特，以及花剌子模，但是隨後在西元前530
年領導對斯基泰人的戰役中死去。斯基泰人的女王托米麗
司（Tomyris）為了報殺子之仇，將居魯士的頭顱放入一塊
「裝滿鮮血的皮」當中，9 並宣稱如今這個嗜血的征服者總
算能得以解渴。大流士一世（Darius I）在居魯士慘死的八
年後繼位，雖然他無法征服希臘，但卻成功征服了中亞，
征服了一部分草原人民。瑪爾吉亞那（Margiana，位於現
今的土庫曼）、粟特、花剌子模、大夏與阿契美尼德王朝
達成和解而成為波斯帝國的行省（satrapy），直到亞歷山
大大帝於西元前330至前329年征服此區域為止。然而，
斯基泰人與後來的伊朗遊牧民仍然維持獨立。在阿契美尼
德王朝的統治下，伊朗人治下的中亞開始涉入連結西亞與

南亞的長距離貿易網絡。貿易促進了都市發展與農業擴張，而這種農業則是由大型水渠系統所灌溉的。有一種位於地下的灌溉渠道稱為 *kârîz*（此為波斯用語），即便時至今日這仍是新疆農業的重要特徵。這種系統可能源於阿契美尼德王朝時期在中亞的影響。[10] 古代波斯首先提倡這種水渠，如今它在伊朗則以其阿拉伯語名所稱呼：坎兒井（*qanât*）。

　　亞歷山大對伊朗的征服（西元前 331－前 330 年）及其在中亞的征戰將花刺子模、粟特與大夏置於希臘化馬其頓的統治之下。如同在其他地方一般，亞歷山大建立或重新命名了許多城市以紀念其功業，例如 Alexandria Eschate（「最遠的亞歷山德里亞」，位於現今塔吉克的苦盞〔Khojent〕）。亞歷山大娶了大夏當地首領的女兒洛葛仙妮娜（Roxane）為妻，[11] 並希望此舉能夠與伊朗人所控制的東方有更緊密的聯繫。他與洛葛仙妮娜所生的亞歷山大四世從未完全掌權。那些爭吵不休的希臘化馬其頓將軍們於西元前 309 年殺死了亞歷山大四世與洛葛仙妮娜母子倆，並且瓜分了帝國。到了西元前三世紀中期，在大夏的希臘化馬其頓的殖民者脫離了帝國，並且在阿富汗北部邊區創

建了自己的國家。

　　希臘化大夏的文化史富含希臘、伊朗與印度藝術傳統，
其內容可以從考古發掘的零碎片段中所得知。從印度來的
傳教僧侶帶入的佛教在當地取得了一些成功。在政治上，
希臘化大夏擴張到印度北部、中亞河中地區，可能也包括
了新疆的一部分。但它受到了塞種侵入者以及國內矛盾的
削弱，於西元前二世紀中期衰微下去。西元前 128 年（如
果不是更早發生的話）它受到來自中國北部伊朗與吐火羅
邊境的遊牧部落之侵擾。這些橫跨草原的人群移動之成因
則是由於有一股新興力量——匈奴——在蒙古興起與擴張。 [26]

　　匈奴的族源迄今仍舊不明，他們於西元前三世紀出現，
而同時期的中國仍處於秦朝（西元前 221 年－前 206 年）
剛剛一統六國，中止了長期內部傾軋，並試圖恢復元氣的
局面。秦朝與其後繼者漢朝（西元前 202 年－西元 220 年）
採行的是一套具侵略性的北方政策。他們建立起具有防禦
工事的城牆，後來成為長城，這是一種保衛新征服領土的
方式，也是之後擴張的平臺。匈奴將此視為威脅，並且為

戰爭做準備。[12] 司馬遷認為匈奴「急則人習戰攻以侵伐」。他並且總結道：「匈奴明以戰攻為事。」[13] 他們將其軍隊以十人、百人、千人與萬人為組織單位，並且將其分為左右翼，而指揮官則居中。這種十進位的軍事組織形式在中亞遊牧世界當中廣為流布。

[27]

西元前 215 年，秦朝入侵鄂爾多斯（位於內蒙古）的匈奴牧地，並且將其統治者單于（意為至尊領袖或皇帝）頭曼趕到北方，擾亂了草原。作為另一個控制甘肅與新疆、蒙古的一部分之遊牧民族月氏（大多數也許是源自斯基泰人或吐火羅人）的臣屬，頭曼將其長子冒頓送去月氏宮廷當作質子，作為匈奴友好態度的保證。冒頓擔心他父親會背叛他是正確的，冒頓的父親當時偏好讓冒頓的同父異母弟當他的繼承人。頭曼突襲了月氏，也許是希望被激怒的月氏會殺了冒頓作為報復。冒頓英勇地成功脫逃，而其父則賜予他一萬名騎兵以獎賞他的勇氣。冒頓治軍嚴格，要求軍隊訓練對其絕對服從，並且命令他們「鳴鏑所射而不悉射者，斬之」。在他用鳴鏑射其愛馬、寵姬以及其父之愛馬測試屬下的服從之後，他最終將目標瞄準了其父。頭

曼死於有如冰雹一般的箭雨下。冒頓（統治時期為西元前
209 年至前 174 年）然後「遂盡誅其後母與弟及大臣不聽從
者」。[14] 在除去了內部的對手後，他對周遭北方民族的征服
贏得了匈奴部落領主的支持，並且使其統治得以正當化。

　　接著而來的是漢朝與匈奴的衝突。一種更加平和的
關係則在和親（即透過親屬關係維持的和平）協約中正式
確定下來，時間為西元前 198 年。漢朝遣送了一位宗室女 [28]
公主，伴隨著大量的絲綢、其他織品以及包括酒在內的食
物。[15] 匈奴因此成為首個以收取貢品為基礎的遊牧政體。單
于取得了與中國皇帝同等的地位。作為回報，單于答應不
會侵掠中國。中國皇帝貴為天子認為一個穿著皮毛的「蠻
夷」能跟他平起平坐這件事本身就非比尋常，但是中國在
當時並不處於有利地位。此外，有些中國官員主張這些紐
帶也許真能綏服「蠻夷」，並且最終會將其帶入一種適宜
的臣屬關係中。

　　皇家的新娘與絲綢成為了北方遊牧民與中國外交的常
見特色。公主抱怨有著毛皮牆壁的「穹廬」以及馬肉製成

的食物（這在中亞餐廳的菜單上仍然普遍可見）還有受到
現代中亞遊牧民長久喜愛的馬奶子（*koumiss*，即發酵過的
馬奶），他們認為一品托的馬奶具有抗菌的功效與所有維
持健康所需的每日維他命。漢惠帝於西元前 192 年遣送了
另一位淚眼濟濟的新娘前往匈奴。但冒頓的目標更高。在
寫給惠帝之母呂太后的信中，他寫道他是一個試圖與中國
敦睦修好的鰥夫，並且暗示也許他與守寡的呂太后可以一
同作樂。呂太后回絕道，她已齒髮脫落，而單于不該為了
喜歡她而「屈尊玷汗」自己。與此同時，冒頓已經擊敗月氏，
並將他們趕走，約於西元前 176 年鞏固了對於遊牧民的控
制，而且通知漢朝他已經降服了所有的「引弓之國」。[16]

漢文帝開邊市以便與匈奴貿易，並且遣送一名漢宗室
女給冒頓之子與後繼者稽粥（Jizhu）單于。一個名叫中行
說的宦官與儒士隨她前往。中行說後來投靠匈奴並警告其
新主子中國物品的致命誘惑。他宣稱對遊牧民而言絲綢不
如毛皮有用，而且中國的食物也「不如湩酪之便美」。[17] 擁
有關於定居世界的親身經驗而位處遊牧民陣營的政治家常
常憂慮，採用過多定居社會物品的結果會剝奪遊牧民的軍

事才能。但是，遊牧民確實大量使用絲綢製作衣服，這也
證明絲綢作為貿易商品會來得更加有用。在這種方式下，
中國的絲綢成功橫跨歐亞而直達羅馬。

西元前 162 年，文帝嘗試重新確定長城雙邊的權力與
主權的分配。長城以北的「引弓之國」為單于的臣民，而 [29]
長城以南，「冠帶之室」（指中國人）則屬於中國的領域。
「朕與單于為之父母。」[18] 他認為這樣的安排將能確保長治
久安。但這最終證明是短暫的。

匈奴在鞏固其於草原世界的權力時，也造成了影響整
個歐亞的後果。西元前 162 年稽粥單于與另一個位於甘肅
走廊的遊牧民族烏孫（也許大多數屬於伊朗裔）結盟，後
者也是月氏的死敵。他殺死了月氏王，將其頭顱製成酒杯，
並且將月氏趕到更為西邊的阿富汗。烏孫對其「盟友」匈
奴並未抱持幻想，明智地遷徙到伊犁河（Ili river）流域。
匈奴後來征服了「西域」（即新疆）的綠洲貿易城市，建

立了一種特殊的行政制度[†]以便治理本地區與其富有的農業與都市商業人口。

匈奴的征服激起了一系列從中國邊境各民族的西向遷徙。月氏與伊朗系遊牧民穿越了草原，最終溢入了大夏與伊朗。希臘化大夏王國則是受難者之一，而這起事件在中國人與歐洲人雙邊都留下了紀錄。明顯地，在中國北方部族區域所發生的騷亂，可能對於西邊的民族與國家造成了影響。

當收買匈奴的成本越來越高，中國就越來越不安全。於是漢朝從和親外交轉為對抗。西元前 138 年，漢武帝（西元前 147 年－前 87 年）派遣張騫為使節，秘密執行勸說月氏加入中國一方共擊匈奴。張騫被匈奴所俘虜，並且在他們那邊待了十年，獲取關於其社會的詳細知識。他最終與其匈奴妻小逃了出來，並且成功跨越中亞抵達當時遠在天邊的月氏。雖然他沒能說服月氏加入後來對抗匈奴的戰爭，

† 　【譯註】即僮僕都尉。

他成功地回到中國，帶回了關於北方遊牧民與中亞的第一手知識。武帝當時已經於西元前 134 年至前 133 年間發動戰爭，以降服在戰略上極為重要的「西域」，希冀能剝奪匈奴重要的朝貢、人力、農業與加工產品之來源。這也會確保中國更容易接觸西亞與南亞。

中國向危險邊境的擴張在戰略與經濟上有著正當理由。對武帝而言，有著獨特重要性的是大宛的「天馬」或「汗血馬」（blood-sweating horses）。這些馬與遊牧民的草原 [30] 矮種馬相較體型較大，其之所以得名「汗血馬」是因為其所流之汗呈微紅色，可能是其皮膚中的寄生蟲所造成的。中國需要馬匹來裝備其軍隊以對抗遊牧民，並利於在中亞發動長途的軍事遠征。

在配備了張騫的知識後，漢朝於西元前 127 年與前 119 年之間發動了深入中亞的戰爭。中國取得了鄂爾多斯的控制權並且向當地移民以便穩定該區域。漢朝的軍隊拿下了甘肅並且推進至貝加爾湖（Lake Baikal）。為了提防長期在草原作戰的風險，中國轉而訴諸外交手段，並且於西元

前 115 年再度派出當時最重要的情報間諜張騫。他的任務是說服中亞部族（例如烏孫）以跟隨中國對抗匈奴，達成共同目標。漢朝這次遭遇到他們自身策略的反制：烏孫國王最終得到了漢朝與匈奴雙方的公主。漢朝持續壓迫，並且於西元前 101 年拿下了大宛。漢武帝取得了「汗血馬」且此舉具有重要的政治與心理意義，即顯示漢朝的軍力能夠深入遊牧民的地盤。

中國向西推進、將絲綢用於外交與商業手段，[19] 以及隨之而來的鞏固中亞市場等，賦予了絲綢之路更為穩定的形式，如今絲綢之路成為一系列交錯的陸上貿易網絡，將貨物持續在歐亞大陸上傳送著。這也穩定了絲綢之路，藉由這個方式，自古以來中國的絲綢原先是透過一系列複雜的路線與不規律的交換方式才成功到達希臘與羅馬，[20] 如今可以規律地到達地中海地區。

這種為了控制「西域」所進行的疲勞鬥爭持續到西元前 60 年，也造成了匈奴社會內部的分裂。雖然偶爾會被稱為「國家」或甚至是「帝國」，首先且最重要的是，匈奴政

權還是一個部落聯盟。單于則是首席執行官，並具有軍事、外交、司法、甚至是祭司的功能。在他之下有左右二十四個「賢王」以及二十四個其他領袖，[†] 每個人底下則各掌管軍隊一萬人。這種「帝國聯盟」（imperial confederation）[21] 具有靈活性以及諮議性，而且允許在部族與氏族首領在內部事務上有相當程度的自治權。

在外交事務上，單于的優越性表現得最為明顯。至少在理論上，匈奴部族眾口一聲地透過單于來處理外界事務。在轄下的定居區域，匈奴從當地人民獲取貢品與所需的勞動力。遊牧民與其畜群都需接受秋季的年度普查，除此之外他們所面臨的政府介入相當之少。遊牧社會的靈活性既是其強處也是短處。這讓他們得以對變化的局勢作出快速反應，但也易於陷入派系爭鬥當中。只要中央當局能夠提供軍事與外交上的成功，確保他們能夠進入定居世界的市場並且在條件上有利於遊牧民，這個系統就能運作，但若 [31]

---

† 【譯註】此處作者理解似乎有誤。根據《史記·匈奴列傳》，應為左右賢王下至當戶，凡二十四長，且諸二十四長亦各置千長、百長等官。並非有二十四個賢王與二十四個其他領袖。

進入市場受阻的話，則會產生內部混亂。

西元前 72 年至前 71 年間，原先的臣屬民族讓匈奴遭受了使其蒙羞的損失。西元前 60 年至前 59 年間，漢宣帝建立了西域都護府。長期對中國的戰爭造成了嚴重損失，匈奴面臨衰微。中國鼓勵並且利用匈奴內部逐漸加大的分裂，特別是在統治家族中。匈奴分裂為兩部：北匈奴與南匈奴。由郅支單于統治的北匈奴迫於中國的壓力，向北遷徙並且最終到達西邊的康居（今錫爾河地區）。中國再度冒險深入草原作戰，擊敗了郅支單于並將其殺害。這些沒有回鄉而留在康居的部族為另一個後來西進歐洲的部族聯盟創造了基礎，即：匈人（Huns）。

與此同時，在郅支之弟呼韓邪單于領導下的南匈奴以及留下來的北匈奴殘部向漢朝投降，並且被賜予跟中國互市的權利。隨著匈奴彼此互相攻戰的派系分裂惡化，英明的漢朝將軍班超在中亞發動了一系列的戰爭，遠達裏海，確保了這一部分的絲綢之路通道。西元 87 至 93 年以及 155 年的進一步攻擊則由中國的遊牧盟友，來自滿洲地區的烏

桓與鮮卑所發動（這些人是早期蒙古語的使用者[22]），這激起了匈奴移民向西方遷徙。如今，北匈奴已經消逝。南匈奴則留在中國邊境並且被吸入到中國北方的數個獨立小國當中，而這些小國則是於西元 220 年漢朝崩潰後，由鮮卑與羌（使用藏語的民族）所創建的。在東部草原上的遊牧民處於分裂情況，且缺乏總體的領導者。

在西部草原，有兩個衍生自遊牧民的政治體正在成型：即貴霜帝國與匈人。在西元前一世紀與西元一世紀的期間，在丘就卻（Kujula Kadphises）領導下的貴霜王朝作為月氏遊牧民的統治家族出現，在此之前月氏曾侵擾希臘化的大夏國。貴霜帝國在其極盛時囊括了大夏、伊朗東部的一部分、東西突厥斯坦，還有現今之巴基斯坦（白沙瓦〔Peshawar〕則作為其都城之一）。雖然貴霜帝國是當時最強大也最重要的國家之一，但其政治史仍舊昏暗不明，主要是透過錢幣與考古發掘來重構的。學者對已知的貴霜 [32]統治者在位時期仍舊存有歧見。他們似乎約在西元二世紀中期達到其權力的巔峰，特別是在迦膩色伽一世（Kanishka I，約於 120–143 年在位）時期，他可能是丘就卻的曾孫，

或是在胡毗色迦（Huvishka）時期，他在迦膩色伽死後四年繼位，並且似乎統治了三十二年之久。迦膩色伽如同其祖先丘就卻，稱他自己為「王中之王」以及「提婆弗咀羅」（*devaputra*），此為印度稱號，意為「神之子」，這表示該王朝聲稱其神聖起源抑或是模仿中國、印度與羅馬的帝國意識形態。

貴霜帝國橫跨於中亞的十字路口上，展現了非凡的文化混合。早期的錢幣使用希臘文為其官方語言，這是繼承了希臘化大夏王國的傳統。後來的錢幣則改用大夏語（一種當地的東伊朗語），並以希臘字母拼寫。他們的錢幣通常是金質或銅質，一面有著伊朗、印度與希臘神祇的形象，另一面則是統治者的樣貌。這些從考古遺址所發現之各式各樣神祇的錢幣與小雕像表示當地有著廣泛的宗教共存：祆教、地方信仰與佛教。有些貴霜統治者支持並推廣佛教，而佛教在當時則從中亞南部傳入中國。佛教廟宇和僧院則是伊斯蘭教流行之前的阿富汗地景重要的一部分。

貴霜帝國的藝術結合了人類形象的寫實表述（典型的

希臘羅馬藝術特色）、富有曲線美與流動性的印度風格，
以及更加形式化的原生伊朗傳統。佛陀被描繪為穿著飄垂
的羅馬托加袍（toga）。菩薩（在佛教信仰中，指那些放棄
進入涅槃並且接受轉世以便協助人類與其他生物的人）其
衣著與風格則被描繪為和當時的人一般，也許是施主。這
個雕像不僅延續了早期的希臘化大夏傳統，並且也反映了
與希臘羅馬地中海世界的持續接觸。確實，來自後者的工
匠與藝術家成功來到了犍陀羅（今日的阿富汗東南地區與
巴基斯坦西北地方）。有些甚至在他們的作品上留下了名
字。

其藝術特別在貴霜帝國晚期，在主題上大部分是佛
教。然而，有些作品則是描繪統治者，穿著長外套（常常
帶有黃金裝飾）、褲子與靴子，這些反映了他們的遊牧遺
產。對權力的表現則是其著重之處。犍陀羅風格後來傳入
東西突厥斯坦。貴霜的紀念性藝術遺留，例如蘇爾赫科 [33]
塔爾神廟（temple of Surkh Kotal，位於阿富汗巴格蘭省
〔Baghlan〕），有著一個四段樓梯往上通往一座奉獻給天
王信仰的神廟，強調了帝國的宏偉顯赫。碑文通常有著多

種語言與文字，這也是其帝國與普世的聲稱。

在國內，貴霜國王透過灌溉設施的組織擴展了農業。作為中間人，他們對國際貿易有顯著的經濟影響，用篷車在中亞穿梭運貨，而從海路自印度港口載貨。他們自埃及、中國與印度收取貨物，並且對絲綢之路、毛皮貿易（來自烏拉爾地區）與寶石商業而言十分重要。在其統治者宮殿中所發現的中國與羅馬物品提供了證據說明其商業接觸的範圍。因為貿易與朝聖路線常常交織重疊，貴霜人鼓勵佛教徒前往朝聖，同時也促進了國際商業。

在持續於西元 230 年代至約略 270 年間的過程中，貴霜帝國落入新興的伊朗統治者薩珊王朝之手。薩珊王朝對這個區域的控制於西元四世紀時遭受到新一波遊牧民浪潮的挑戰，波斯語稱這些人為 *Hyaona* 或 *Hyon*，而希臘與拉丁語則稱之為匈尼特人（*Chionitae*）。這兩類名稱都被視為是中文匈奴同一詞的轉寫。隨後，這個字在歐洲以「匈人」（Hun）的形式出現。是否匈尼特人、匈人與其他帶有類似發音的名字就是中國邊境的匈奴呢？學者在這個課題

上意見分歧。最新的研究主張它們彼此間是有聯繫的。[23] 匈
奴的盛衰將不同的遊牧民（特別是小型突厥集團）推離了
中國與蒙古邊境，並且將他們向西帶入哈薩克草原。看來
似乎最有可能的就是有一個部族聯盟包含了與原初匈奴相
關的某些核心成分，並且在草原遊牧民當中持續沿用這個
相當高貴的名稱，最終成功進入了哈薩克。在哈薩克草原
上，另一個部族加入了他們，組成了一個新的部族聯盟，即：
匈人。

　　375 年，也許再度受到中亞部族遷移的壓力所逼，這
些「匈人」跨越了伏爾加河（Volga River），擊敗了阿蘭
人（Alans）以及他們的鄰居哥德（Gothic）部族聯盟。
而阿蘭人是一個強大的伊朗民族，自西元一世紀起就居住
在東歐大草原（Caspian-Pontic steppes）上（高加索地區
〔Caucasia〕的奧塞梯人〔Osetins〕則是他們的後裔）。
這些流離失所造成了數個移民潮，在這當中主要是位處羅
馬邊境的日爾曼部族被推入處於崩潰狀態的羅馬防衛體系。
匈人的侵掠就如同那些曾經打擊中國的匈奴一般，騷擾著
羅馬的邊境。西元 440 年代，一位匈人首領阿提拉（Attila）

[34] 取得了大權，支配了一大群匈人集團以及臣屬的日爾曼人、斯拉夫人與潘諾尼亞（Pannonia，匈牙利）及周邊地區的民族。他搶掠了羅馬的土地，尋求的是戰利品與貢物，而非領土的征服。然而羅馬帝國當時也許是肇因於內部紛亂而脆弱不堪，卻從未真正因為阿提拉而陷入危機。當阿提拉於西元 453 年死在其婚宴上以後（也許是遭其新娘所毒殺），其聯盟很快就分崩離析。匈人消失回到草原，偶爾作為羅馬傭兵而出現。

匈奴的崩潰引發了第一波遊牧民的西遷。歐洲和中亞遊牧民的首次遭遇留下了持久的記憶與一個和其實際影響相較下不成比例的傳說。匈人變成無法駕馭之蠻族的象徵。即便他們擁有如此凶猛的聲名，匈人在東方與西方，對於中國與羅馬帝國的存在而言，都從未成為威脅。

第三章

天可汗：突厥與其後繼者

HEAVENLY QAGHANS: THE TÜRKS
AND THEIR SUCCESSORS

[35]   隨著匈奴與漢朝瓦解，接踵而來的一段政治動盪時期過去以後，浮現了三個重要的國家：中國北部的桃花石（Tabghach，中文為拓跋[†]），蒙古的亞洲阿瓦爾人（Avars，中文為滑國或柔然[‡]），以及更加遙遠、位於貴霜舊地的嚈噠（Hephthalites）。拓跋建中國式朝代名稱為北魏（386–534年），到了439年它已經控制了黃河以北的中國、新疆以及部分的草原區域。其首都平城（靠近現今的大同）則在草原的可及範圍之內，而草原也是其十萬大軍與據稱百萬馬匹的基本來源。

    北魏的菁英當中有大約20%為拓跋人，其中又由一百一十九個氏族與部落團體以及漢人（為其屬民之主體）所組成。作為統治的少數民族，拓跋氏運用了早先將漢人與部落民族分治的鮮卑模式。但是漢文化的吸引力證明對菁英來說是無法抗拒的，他們採用了漢人的語言、服飾、食物以及宮廷文化。到了五世紀晚期，有著一半漢人血統的

[†]　【譯註】後文皆以拓跋代稱桃花石。
[‡]　【譯註】對此，學界有不同看法，參見本書譯後記。

孝文帝禁用拓跋語言、[1]人名還有宮廷服飾。他取了一個新的漢姓——元，並且將首都遷至洛陽，該城位於南方，屬於國內漢文化更加深厚之處。

拓跋氏透過宗教維持了某種區隔，佛教得到積極發揚，佛教對中國而言是外來宗教，經由絲綢之路從貴霜傳入漢朝。拓跋氏對佛教的興趣隨著 475 年後與中亞的商貿關係加深而成長。

亞洲阿瓦爾人[§]的來歷仍舊模糊不明。根據北魏的編年史記載，其王室源於四世紀初的一個北魏奴隸。其主人稱他為木骨閭（Mugulü，「頭禿」之意），這是對其髮線齊眉的諷刺指射。而後木骨閭逃往草原，在那裡他聚集了一群約一百人的逃人與亡命之徒。其子車鹿會（Juluhui）完成了將一個只比匪徒稍有組織的群體轉變為一個民族的過程，他們承認北魏的最高統治權，並且每年進貢馬、牛、毛皮。這使他們得以接觸中國市場。在車鹿會的統治下， [36]

§ 【譯註】此處指柔然。

浮現了一種政治聯盟的模式：一個民族常常急速從一群受到有著卡里斯瑪魅力的首領所領導的勇士發展起來。五世紀的柔然領袖社侖自號可汗（*Qaghan*），可汗是鮮卑稱號，其源流不明，為草原地區的「皇帝」之意。

　車鹿會自號柔然，後來中國記載以柔然稱呼其屬民，之後又帶有取笑意味地將其改為蠕蠕（蠕動的蟲子）。柔然自稱為 *abar* 或 *avar*（阿瓦爾）。作為一個危險的軍事強權，其征服打下了自戈壁沙漠延伸到貝加爾湖，及從新疆到滿洲的領土，以今朝鮮半島為界。中國記載相信柔然人的薩滿有能力召喚冰雪暴以便於在失敗後掩護其撤離。許多突厥－蒙古民族被認為擁有天氣巫術。

　嚈噠從許多「匈人系」小集團當中浮現於貴霜舊地，這些「匈人系」小集團約於 350 至 370 年間離開阿爾泰地區。五世紀中葉，他們被納入嚈噠王朝的領導下。[2] 控制了粟特地區、新疆大部分與印度北部後，這些位於波斯邊境的麻煩的「匈人」在薩珊王朝的事務中扮演重要角色，拯

救或結束了數名沙赫（shah）†的生涯。他們建立在希臘化大夏以及貴霜的傳統之上，使用大夏語，並且發展了對於佛教、祆教、印度教與多種印度－伊朗神祇的興趣。在這個混合中，他們添加了基督教與摩尼教（Manichaeism），後者為一個新進入中亞的宗教。其創始人為伊朗人摩尼（Mani，216–277 年），來自美索不達米亞，當地有著豐富的宗教觀念。他將自己視為瑣羅亞斯德、佛陀與耶穌之先知傳統的頂點。

摩尼教結合了上述所有宗教的方方面面，在不同地方改變其形貌，以適應當地的接受度。但是大部分的政府不相信其來世性並且迫害其信徒。摩尼教徒認為這個世界被善惡衝突所吞沒，而邪惡則由物質所代表，善良則是一種由光明所代表的精神水準。他們的宗旨是要從物質中釋放光明／精神，這可以由過著禁慾苦行的生活與盡可能避免物質－肉體的誘惑而達成。其神職人員或「選民」則完全接受信仰的神秘奧義，並且過著貧窮而樸素的生活。而大

---

† 【譯註】指國王。

群信徒（「聽者」）則供養他們。

[37] 嚈噠的習俗被外人視為驚世駭俗。兄弟共妻。妻子在頭飾上別有獸角以表明其丈夫的數目。嬰兒需束頭以便使頭骨變形拉長。蓄意造成的頭蓋骨變形在某些草原民族當中廣為流行。這種習慣可能會對某些個體造成癲癇，這與薩滿的幻覺入神狀態相似。

這三個國家造成了橫跨歐亞的漣漪效應。柔然－北魏的戰爭（Avar-Wei wars）將許多部落趕往西邊。這些與稍早的遷徙將草原從過去以伊朗語為主的地區逐漸轉變為以突厥語為主。而烏戈爾（Oghur，亦譯烏古爾）突厥部族[3]則是約於 460 年在這些來到黑海草原的民族當中的一員，為中文所稱之鐵勒的鬆散聯盟之一部，且蔓延於歐亞地帶。柔然可汗阿那瓌（Anagui，520–552 年）在面對東方的鐵勒動亂與內部敵人的情況下，遂轉向北魏尋求協助，但是北魏當時分裂為兩個互相敵對的東西分支。這些政治危機為突厥帝國[4]的興起提供了背景。

　　關於突厥的源起，我們所知甚少。他們的統治氏族名
為阿史那（*Ashina*），可能是某一種東伊朗語或吐火羅語
的字詞（*ashsheina* 或 *ashna*），意為「青色」（blue），[5]
另外在將顏色與羅經點連結的突厥（Turkic）體系中也指東
方，而這個突厥體系則借自中國。根據突厥傳說的中文描
寫，阿史那突厥是一隻母狼與某個遭敵人毀滅的部落倖存
者交配的後裔。[6] 統治氏族是由狼所生或由狼哺育長大的主
題在歐亞地區廣泛流傳。[7] 中文記載將阿史那置於甘肅與新
疆，這些地區都與伊朗與吐火羅民族有關聯。這種遺產也
許能說明在早期突厥聯盟存在重要的東部伊朗成分。他們
於五世紀時從該地區遷移到阿爾泰山（Altai Mountains），
並與當地使用突厥語的居民成為了柔然的鍛奴。

　　野心勃勃的突厥統治者土門（Bumïn）在 546 年協助
其最高統治者鎮壓一場鐵勒的叛亂之後，於 551 年求婚於
柔然。柔然悍然拒絕其要求。西魏在當時也是土門交好的
一方，並且迅速將一位皇室公主嫁給土門，而土門於 552
年消滅了柔然。阿那瓌自盡，到了 555 年，柔然在東部草
原已不再具有影響力。

如同許多早期突厥統治者一般，土門其名並非突厥語
（Turkic），而他雖然自號可汗，但旋即亡故。其子科羅
（Keluo）與木杆（Mughan）†，以及其弟室點密（Ishtemi）
降服了中國北方的部族與小國，並且打造了一個從滿洲延
伸到黑海的帝國。這是第一個橫跨歐亞的國家，直接將歐
[38] 洲與東亞連接起來。而征服東歐與中亞西部則為室點密之
功，而他又以室利葉護可汗（*Sir Yabghu Qaghan*，僅低於
可汗的稱號）為人所知。室利（*Sir*）從梵文的 *Śrî*（意為幸
運、吉祥）衍生而來，而葉護（*Yabghu*）則也許是伊朗語。
這些稱號表示突厥帝國文化形塑過程中受到非突厥（non-
Turkic）文化的廣泛影響。

室點密與伊朗的薩珊王朝結盟擊潰了嚈噠，此事大
約發生於 557 至 563 年間。突厥在拿下中亞河中地區
（Transoxiana，意為跨越烏滸水〔Oxus River，即今阿姆河〕
之地），包括粟特地區之後，突然衝入了黑海草原，找尋
其逃「奴」（即柔然）。到了六世紀 60 年代，拜占庭人記

† 【譯註】對木杆之名的轉寫，學界有不同看法，參見本書譯後記。

述他們與一群從東方遷來的民族接觸，他們自稱為阿瓦爾人，但也有些拜占庭人認為他們是「偽阿瓦爾人」。[8]他們是否為亞洲阿瓦爾人的殘存者，抑或是某個使用該名號的民族仍舊是個爭議的主題。無論其源起為何，他們都隨即陷入突厥帝國、薩珊王朝與拜占庭帝國三者間之政治與商業利益的衝突當中。

在中亞地區，絲綢在外交上扮演著重要角色，並且起著一種作為國際貨幣的功能。對中國絲綢的榨取不僅帶來了財富，而且還使統治者的主權得到正當化。絲綢是筆大生意，而且具有政治上的重要性。薩珊王朝與粟特人是載運絲綢之路上的貨物從中亞到地中海世界的主要掮客。絲綢之路沿線上的粟特聚落延伸到內蒙古與中國。突厥人得到其粟特屬民的指導而成為絲綢的主要運輸者。中文記載中將突厥的成功歸於其粟特顧問，他們被視為無良而狡猾多詐。[9]考慮到突厥與粟特的密切合作，突厥與薩珊王朝的聯盟是無法持久的。

一個龐大的突厥使節團，其成員主要由粟特人構成，

於 568 年來到了君士坦丁堡，尋求建立持續的商業關係，並且取消拜占庭對其脫逃的「奴隸」（指柔然）的「姑息」。根據拜占庭的記述，室點密堅定地表示，柔然既非禽鳥有翅能飛，亦非魚兒能「潛藏海底」，他宣稱柔然終逃不過突厥人的刀劍。[10] 同一時間，「歐洲阿瓦爾人」撤退至潘諾尼亞（即現代匈牙利），這裡也是阿提拉先前的基地。他們起自匈牙利草原，在巴爾幹人（Balkans）的地區造成了相當大的騷亂，搶掠（通常與斯拉夫人一起）拜占庭人並向他們索要沉重的貢品，直到查理大帝（Charlemagne）治下的法蘭克人（Franks）於八世紀的最後二十年時摧毀了他們的國家為止。

[39] 突厥人提供君士坦丁堡一個對抗伊朗的聯盟、絲綢，甚至還有鐵。拜占庭雖然同意了這個提議，但是在與伊朗開戰的問題上仍舊小心翼翼，並且傾向於賄賂阿瓦爾人。拜占庭密使之旅跨越了中亞（也許遠至今日的吉爾吉斯）來覲見突厥統治者。568 年之後，在首個拜占庭使節團中，大使擇瑪爾庫斯（Zemarchus）為室點密所眩惑，後者住在以絲綢裝飾的帳房中，另外它坐在一張裝著兩個車

輪的金質寶座上（因此它可用馬匹移動），以及許多金質
長椅，包括了有一張是置於四隻黃金孔雀上的。維持雙邊
的關係並不容易。在隨後 576 年的一個使節團中，室點密
的繼承人達頭（Tardu）生氣地接待了拜占庭使節華倫提努
（Valentinus），以表達他對君士坦丁堡未能攻打伊朗的憤
怒，並且斥責拜占庭人「說著十種語言」，而這所有的十
種語言都用來說謊。[11]

　　突厥內部的政治錯綜複雜。汗國在行政上被分為東西
兩半，每部分都由一位阿史那家族出身的可汗所統治。東
部的可汗在政治上地位較高。這種二元王權雖然為管理地
方事務提供了彈性，但也造成了對抗。室點密的後繼者偶
爾會試圖在東方篡奪權力。這種企圖具有合法性，因為如
同在大多數的中亞遊牧國家一般，任何王族成員皆有權要
求得到最高權力。為求搶先阻止家族內訌，突厥創造了一
種繼承制度，其中弟弟能夠繼承兄長之位，並且長兄諸子
能夠繼承最年幼的叔叔之位。許多人迫不及待掌權，因而
造成了王位爭奪，而使得國家元氣大傷。差不多所有的中
亞遊牧國家都為創造可行的繼承制度一事所苦。

正當室點密在西方建立了突厥政權之時，東突厥則利用中國的北齊（550–577 年）與北周（557–581 年）之間的對抗，而從二者處取得了出身皇族的新娘與絲綢，以便換取和平。儘管佗鉢可汗（Tatpar Qaghan）自稱對於其「南方的兩個孝子」[12] 之間互鬥感到驚訝，但他操弄著一個分裂的中國而使其王國富裕。

隋朝（581–618 年）後來奪得權力，且重新統一中國。隋朝雖為漢族政權，但對北方非漢政權與草原有著深入的通曉。當漢人間諜長孫晟小心翼翼地在突厥宮廷中培養密探並且鼓動阿史那家族產生摩擦不和時，隋朝立即開始加強其北方防禦。當東突厥內部的嫌隙加深後，西突厥的達頭可汗覬覦東西突厥的權力，並且達成其目標而持續了數年，直到鐵勒叛變（也許是受到隋朝鼓勵）而於 603 年結束其帝國夢為止。

[40] 統葉護（Tong Yabghu，618–630 年）恢復了西突厥汗國的權威，將其統治延伸到今日之阿富汗南部，並且在 628 年拜占庭對伊朗薩珊王朝戰爭的勝利中扮演了重要角色，

突厥帝國

東突厥帝國：552-630年，682-742年
西突厥帝國：552-659年，約699-766年

貝加爾湖

阿勒泰
色楞格河

西突厥
於都斤山
鄂爾渾河
東突厥
窩魯朵八里

滿洲地區

鹹海
巴爾喀什湖

別失八里
（北庭）

塔什干
怛羅斯
碎葉

布哈拉
撒馬爾罕
疏勒
龜茲
吐魯番
敦煌

巴爾赫
和闐
塔克拉瑪干
沙漠

戈壁沙漠

黃海

鄂爾多斯
長安
洛陽

中國

0　　　　400英里
0　　　　600公里

這場戰事壟罩了中東與外高加索地區（Transcaucasia）。然而，在國內，統葉護的嚴酷統治導致他遭到暗殺以及內戰。從混亂中浮現的西突厥分為兩個部族聯盟，被統稱為十箭（On Oq），各聯盟則由其可汗所領導。

約於 630 年，來自中國的佛教僧侶／旅行家玄奘在其前往印度的途中，拜訪了位於碎葉（Suyâb，又譯為素葉水）的統葉護汗廷。其報告確認了統葉護在拜占庭方面記載中的壯觀財富寫照。統葉護可汗「身著綠綾袍」，「露髮，以丈許帛練裹額後垂」。「達官二百餘人」圍繞左右，皆著「錦袍」，而「軍眾」則「裘褐毾毛」。他們皆「槊矟端弓」，而駝馬之騎，則「極目不知其表」。[13] 可汗的大帳「以金花裝之，爛眩人目」。「諸達官於前列長筵兩行侍坐，皆錦服赫然，餘仗衛立於後。」玄奘對此印象深刻，感歎「雖穹廬之君亦為尊美矣」。[14] 可汗點了美酒與音樂給其客人，以佐羊肉與雞肉大餐。在這些特別讓玄奘驚訝的事物中，則是一處可汗所擁有的自然保護區，位於碎葉城之西，其中有鹿群，每頭鹿皆佩戴鈴鐺並且習慣與人接觸。任何人若膽敢殺害這些鹿，將會遭到處決。[15]

[41]

在此同時，在東方也發生了重大變化。中國征討越南
與高句麗（Koguryo，一個橫跨朝鮮與滿洲地區的國家）勞
民傷財，並且導致叛亂。東突厥協助叛軍。唐朝取代了衰
微的隋朝，並且迎來了中國最燦爛的時期之一。面對來自
東突厥頡利可汗的持續侵掠，唐朝則一面以貨物賄賂之，
一面暗地挑撥阿史那家族內部的爭端與叛亂。甚至連大自
然的力量似乎也一同合謀反對頡利；數年的嚴重霜雪造成
了草原上的饑荒。人們紛紛逃離頡利的重稅與厄運。唐朝
俘虜了頡利，而他本人則於 630 年死於獄中。

東部汗國已經崩解，而且大概有將近一百萬淩亂的遊
牧民投降唐朝。他們被安置在中國的北方邊疆。突厥首領
接受了中國的稱號與官職。較高的貴族階層前來投靠唐朝，
在他們當中有許多人持續在軍事生涯中取得成功。根據中
文記載，這許許多多的北方部族首領仿照草原領袖，請求
唐太宗受「天可汗」（突厥語：*Tengri Qaghan*）尊號。太
宗宣稱「自古皆貴中華，賤戎狄，朕獨愛之如一，故其種
落皆依朕如父母」。[16] 這是唐朝一次特別的聲稱，而北方遊
牧民明顯情願接受之的情況則又使這個聲稱更加非凡。

　　如今中國全面確立了其在中亞的權力。640年，唐太宗征服了高昌（Kocho）。高昌是座位於新疆的絲綢之路城市，處於西突厥的勢力範圍內，而且在歷史上與中國有緊密連結。其他的城邦很快也紛紛歸附唐朝。這些高度發展的貿易城市對於已經相當具世界性的唐朝朝廷而言，其文化影響還是相當巨大。中亞音樂（統治者常常會贈送樂師作為禮物）、樂器、舞蹈以及從「西域」（特別是粟特地區與高昌）來的表演者、藝術家還有藝術風格，這些都流行於中國的首都。唐玄宗有三萬名樂師，他甚至學會了演奏「羯鼓」，而其著名寵妃楊貴妃則喜歡以跳躍和旋轉著稱的粟特舞蹈。有些朝中大臣對粟特舞蹈「潑寒胡戲」看不順眼，[42] 明顯是因為舞中有赤身露體的表演者並且會到處潑灑泥水。該舞於713年遭禁。

　　但是，粟特表演者（包括舞者、變戲法的，還有特技演員）以及來自中亞的衣著時尚與許多布料仍然流行。這些都傳入了唐朝的首都長安與洛陽，伴隨著食品、異國植物、動物（如孔雀）、酒、器皿、寶石與藝術作品。這個商業網向西延伸並包括了來自伊朗與拜占庭的物品。中亞

城市在這個貿易中不僅是仲介，而且也是主動的生產者，
特別是織品以及特別食物的輸出者，例如瓜果與「撒馬爾
罕的金桃」。

　　到了 659 年，裂解的西突厥已經臣服於日漸進逼的中
國。中國的霸權一度延伸至部分的阿富汗領土與伊朗邊界。
帝國的成本相當高昂，而且並非缺乏競爭。吐蕃於 660 與
670 年代就已開始使中國感覺到他們在新疆的存在，並且將
中國人從他們在塔里木盆地的部分據點趕走。他們控制了
該地區的大部分領域長達數十年，並且一度威脅成為主要
強權。[17]

　　受到東西突厥地區反叛的影響，唐朝在中亞的勢力受
到進一步削弱。八世紀初刻於大石碑上的突厥魯尼文銘文
作為統治者墓葬設施的一部分，位於蒙古鄂爾渾河的突厥
核心領土，該銘文便敘述了突厥帝國復興的史詩劇。在這
些碑文中，已逝者直接向其人民致詞。這個碑文約於 726
年樹立並且題獻給暾欲谷（Tonyuquq），他是第二突厥帝
國初期之可汗身邊的首席顧問，並受過中國教育。它描繪

了突厥人作為一個缺乏領袖的臣屬民族之可悲境況：「『騰格里』（「天」，至高的突厥天神）一定說過如下的話：『我賜予你們一位可汗，而你們背離了可汗並且再度成為屬民。』因為你們成為了屬民，騰格里必說：『死吧！』突厥民族被消滅、摧毀，變得一文不值。」[18]

　　暾欲谷接著說起一個躲藏在山丘上的七百人小隊伍（有的騎馬、有的步行）如何於 682 年成為一支替新的頡跌利施（Ilterish）可汗復興帝國的軍隊。暾欲谷明顯有意將自己塑造為國王擁立者的角色，他說道：「由於騰格里賜予我智慧，我親自將他（頡跌利施）立為可汗。」[19] 在他們的紀念碑上，頡跌利施之子毗伽可汗（Bilge Qaghan）與其弟和主要謀臣闕特勤（Kül Tegin）申斥突厥人屈從於中國的「甜言蜜語」，以及誘人的「金、銀、與絲織品」，放棄了祖宗之法。據他們所言，頡跌利施僅以十七名勇士起兵，但他就「如同狼一般」，而「其敵人則如綿羊一般」。[20] 頡跌利施之弟與後繼者遷善可汗（Qapaghan Qaghan，691–716 年）恢復了帝國的往日榮光。

[43]

突厥的國家機構、官職與頭銜有許多是源於中文、粟
特文、吐火羅文與印度文,而大部分是繼承自柔然。可汗
宣稱他「如天一般,由天孕育」並且擁有「護」(*qut*,意
為上天眷命),為擁有統治之天命的標誌。他的人身是神
聖的,而血則不能被濺灑。假如一個可汗必須被(永久地)
除去,他會被人以絲繩所絞死。其授銜典禮則包括了儀式
上的絞殺,在該儀式上,於失去意識的一瞬間(明顯就如
同被誘導的一場精神世界之旅),他會被詢以在位的年限。
可汗據有神聖的於都斤高地(Ötüken Highlands)與鄂爾渾
河周圍的聖地則確認了其政治正當性。「護」的意識形態
與中國認為皇帝為「天子」並且因天恩而統治的概念相似。
目前還不清楚這種相似性是一個民族向另一個借用,或僅
僅是共用之意識形態資源的一部分。

突厥人和許多他們的屬民一樣,都是「騰格里」的信
徒。他們也崇拜「烏邁」(Umay),為主掌生育繁衍的女神,
還有「尤勒騰格里」(Yol Tengri),為道路(或命運)之神。
此外還有地水信仰、聖山信仰與森林信仰等等。他們崇拜
祖先,每年都會在其祖先的洞窟中舉行特別的儀式,該洞

窟據信是阿史那家族發源之地。與其他民族的接觸也引入
了新宗教——通常是由粟特人所傳入的。佗鉢可汗對佛教
興致盎然。他閱讀佛教小冊子的突厥文譯本並且下令建造
佛教寺院。而遊牧民的領導階層則反對此舉。毗伽可汗也
考慮建築道教與佛教寺廟。暾欲谷勸他放棄進行此事，如
同在他之前的許多人一般，他主張突厥的力量來自於其遊
牧生活方式。固定的建築將會威脅到他們的軍事活力；可
汗的大車停靠之處或是其立宮帳之地就是突厥的「首都」。
而寺廟則無法隨身攜帶。

　　遊牧生活持續作為突厥經濟的支柱，而馬力則是他們
軍事力量的關鍵。高度移動化的軍隊使他們得以控制跨越
歐亞的貿易通道。他們從來自臣屬的部落與城邦之貿易、
進貢、農業與製造產品中徵集稅收。侵掠則是收入的另一
來源。財富的重新分配則是遊牧領導者維持其在諸部落間
之權力的主要方式之一。一位可汗受人「喜愛」與尊敬的
[44] 關鍵僅只在於保持其軍事擁護者享有錦衣玉食，並且提供
機會讓他們致富。

突厥人是發達致富了，但維持一個廣布與多元族群的
帝國之成本相當高昂。嚴酷的突厥政權必須耗費許多精力
去平定長年叛服無常的部落。遷善可汗在一次這類的戰爭
中死去。國內紛擾持續不斷。頡跌利施可汗之子毗伽可汗
於 734 年遭其對手毒殺。此外亦不乏來自國外的威脅。阿
拉伯人在 651 年征服伊朗後，即於八世紀初期挑戰西突厥
在粟特地區的統治，削弱了他們對絲綢之路的控制。

742 年，拔悉密（Basmïl，由阿史那家族的支系所領導）
率領一個由臣屬部族所組成的聯盟推翻了突厥。而回鶻
（Uighurs）隨後於 744 年顛覆了拔悉密。因而產生的回鶻
汗國（744–840 年）以蒙古與新疆為中心，趁著唐朝處於困
境而延伸到西伯利亞。回鶻人口約有八十萬人，領導一個
稱為九姓烏古斯（Toquz Oghuz），其意為源於東部鐵勒的
「九個相關群體」。在一通於 759 年製成且稱頌了該國的
創立者骨咄祿毗伽闕可汗（Qutlugh Bilge Kül Qaghan）的
碑文中，他對其人民自誇道被征服的突厥「今後將不復存
在」。為了讓那些未受干擾的「平民」加入他的陣營，回
鶻統治者趕走了潛在的敵人，追捕「有罪的貴族」，並且「帶

走了他們的牲畜、可移動的財產、未婚女子與寡婦」。[21]

755 年，安祿山起兵反叛其主君唐玄宗。他是一位祖源為粟特與突厥的唐朝將軍，並且據稱是皇帝貴妃的愛人。這場叛亂甚至在安祿山遭暗殺後還持續了兩年。唐朝轉向回鶻求援。他們樂於從命並擊敗了叛軍，後來還得到允許搶掠其首都作為回報。回鶻支持唐朝為的是能更好地利用中國，在贈禮與貿易的外表下獲取大量的絲綢與其他物品。作為絲綢的回報，回鶻則贈送馬匹，但多半為羸弱或殘廢。在這樣的情況下，唐朝常常延遲付款也就可以被理解了。

這個政策則是牟羽可汗（Bögü Qaghan）的成果，其母為唐朝公主。762 年，粟特的摩尼教徒使他皈依了摩尼教。大量的中國粟特人似乎支持了安祿山之亂。而他們在中國尋求保護者以對抗排外的強烈反應也許能夠解釋他們對於使牟羽可汗改宗的關注。然而牟羽改宗的原因則仍舊不明。回鶻的菁英分子也接受了摩尼教。他們相信也許除了精神上的益處以外，還能夠透過改宗獲取政治、經濟、文化與社會利益，即便這個新宗教的信徒在各地都不是政治上的

主宰團體。也許回鶻所尋求的，正是一種不會妨礙政治的 [45]
宗教。

重要的回鶻派系反對這種過度的粟特影響。牟羽可汗
的叔叔頓莫賀達干（Tun Bagha Tarqan）則是新宗教與侵略
中國政策的反對者。他受到其粟特顧問的鼓勵對付可汗，
因而發動了宮廷政變。牟羽可汗雖然身死，但摩尼教卻倖
存了下來。

與突厥人不同，回鶻人建造城市——在粟特人與中國
人的協助下。他們於 757 年在鄂爾渾河建造了其國都窩魯
朵八里（Ordu Balïq）。塔明‧伊本‧巴赫爾（Tamîm ibn
Bahr）是一位於八世紀初去過該城的阿拉伯訪客。他對於
回鶻帝國的疆域之廣、財富之豐與力量之強留下了深刻印
象。可汗擁有一支多達一萬二千人的個人軍隊，而其十七
位屬下的首領則各自統領一萬三千人的軍隊。這是一支氣
勢宏偉的軍力，包括了女戰士，例如回鶻送往唐朝的「七
名善於騎射的女弓箭手」。[22]

　　其國都給人的印象亦不遜色，它由一系列的城牆所加
固。可汗的宮殿則有自己的宮牆，如同其城鎮中心一般，
後者則包括了寺院與行政官署。外城牆有十二道大型鐵門
通往繁忙的市街，市街上充滿了商人兜售著商品與服務，
諸如陶器或石刻。同一種產品的供應者通常會聚集在同一
條街上，這也是許多中世紀城市的典型。有高塔以便監視
從周圍草原來犯的入侵者。然而遊牧傳統仍舊保存著。回
鶻可汗在其城堡上有一頂金製的帳房，而且從數英里外就
可以看到它。該帳房可容納一百人。許多由遊牧民在草原
上建造的城市多半只是帳房的短期聚集，附有一區少數由
烤乾的泥磚製建築。與這類城市相比，回鶻的國都可說是
一個真正的城市。[23]

　　中世紀的旅行者偶爾會遇見廢棄的草原城市遺跡。塔
明‧伊本‧巴赫爾曾經過一個這類的遺址，位於伊塞克湖
（Lake Issyk Kul）附近。他記述說他見到了「古代城鎮的
痕跡」，但是當地突厥人無一知曉其建造者或被廢棄的理
由。近年在呼和斡耳敦（Khökh Ordung，意為青宮，位於
蒙古國杭愛山脈的東部山麓小丘上）發現的一座回鶻宮殿建

築群，可定年於六世紀晚期至七世紀初期。這個發現讓吾人
對回鶻都市發展史有了新的認識。這座城市以白磚與帶粉
紅的灰色屋瓦所建造，看似一個遊牧營地。位於中央的是
可汗的亭閣，模仿了大規模的帳房。呼和斡耳敦是建來使
外人敬畏的，這反映了回鶻稱帝的野心早在 744 年的勝利
以前就已存在。這也是統治者每天祭拜太陽的某種地方。[24]　[46]
另一個回鶻帝國的宏偉之作則是柏孜克里克（Bezeklik，字
面意義為有畫的地方）。該處由七十七個人工開鑿的洞窟
所構成，時間則是五至九世紀，裡面的圖畫描繪的主題為
佛教與摩尼教，並混合了粟特、中國與印度風格。由於其
出土物相當豐富，學者稱之為「沙漠中的龐貝城」（Pompeii
of the Desert）。

　　九世紀上半葉是個混亂的時代。中國日漸衰微。直至　　[47]
當時作為主要區域強權的吐蕃於 842 年後也在崇佛與反佛
派之間的內戰當中崩潰。吐蕃從中亞撤退並且再也沒有成
為重要的軍事強權。回鶻則面對了派系的權力鬥爭以及與
吐蕃、葛邏祿（Qarluqs）與點戛斯（Kyrgyz）的戰爭。點
戛斯是一個強大的突厥系（Turkic）或突厥化（Turkicized）

的部族聯盟，集中在圖瓦（Tuva）的葉尼塞河（Yenisei）流域。黠戛斯突襲了因王位爭奪、疫病與草原上的饑饉而衰弱的回鶻，並於 840 年侵入其國都。有一塊黠戛斯人的墓碑紀念提立匐（Tirig Beg），他曾親身參與這場勝利。墓碑中將他描寫為「如同一頭滿嘴獠牙的野豬」，殺死了二十二個敵人。[25] 受其財富與城市的牽制而無法行動自如的回鶻成了容易得手的獵物。

有些回鶻部落逃到中國邊境並且隨後在新疆與甘肅形成了一系列的小國。他們與當地的東部伊朗及吐火羅人群混合並且最終將其突厥化（Turkicized）。迄今主要作為遊牧民的回鶻開始定居下來，追求都市與農業生活。如同其導師粟特人，他們作為絲綢之路商人發展出一套豐富的商業文化以及複雜的精神生活，其中存在著摩尼教、佛教與基督教。在東部草原地區，他們取代了粟特人作為文化承載者的地位。阿拉美－敘利亞文（Aramaeo-Syriac script，與希伯來字母和阿拉伯字母〔Hebrew and Arabic alphabets〕相關）原先為粟特人採用其不同形式以拼寫其語言，如今也被用來拼寫回鶻語。這套文字從回鶻傳給蒙古人而且仍

舊為內蒙古的蒙古族所使用。而滿洲人則從蒙古人處採借了這套文字。在帝國崩潰以後，回鶻人為其約三分之一的識字人口創造了豐富的文學，內容多半與宗教相關。回鶻人的角色轉變也反映在一位十世紀初的阿拉伯史家伊本・法基赫（Ibn al-Faqîh）所說的一段話中，在那段話中，他稱回鶻為「突厥人（Turks）當中的阿拉伯人」。[26]

至於取代回鶻的點戛斯則立基於一個遊牧民與農民組成的複雜社會之上，但在文化上並不如回鶻複雜精緻。其早期的歷史仍舊模糊不清，如同其 840 年至十世紀初的「帝國時期」一般。他們既未將其國家的重心置於鄂爾渾河與色楞格河，也未意圖進行更大的征服，這種做法打破了自匈奴以來的傳統。反之，他們回到了老家葉尼塞河，並且從那裡維持與中國和中東的商業接觸。穆斯林地理學家知道他們是牧養牲口者以及西伯利亞產品的來源之一，例如麝香、毛皮、特殊種類的木材與「呼圖」角（khutu horn，這明顯是他們所掘得的猛獁象獠牙——這也是一種象牙來源）。 [49]

　　契丹屬蒙古系民族，填補了當時在蒙古顯而易見的權力真空。他們是由來自滿洲南部的獵人、設陷阱捕獸者、養豬的農民，以及綿羊和馬匹之牧養者所組成的強大部族聯盟。他們原先是突厥的屬民，後來在中國北方與滿洲創建了一個帝國（916–1125 年），並且採用了中國式的朝代名稱——遼。在拿下蒙古之後，他們邀請其過去的統治者回鶻人回到故土。不過回鶻人婉拒了這個提議。契丹雖然在蒙古駐防，但他們的目標卻是中國。他們的嚴酷統治與繁重賦稅導致了許多突厥系的小集團遷離。在十至十一世紀時，蒙古的人口平衡向使用蒙古語的人們傾斜。蒙古變成蒙古人的地盤，但是契丹的統治者更傾向作中國的皇帝。

　　突厥創建了首個中亞的跨大陸帝國（從滿洲地區到黑海），促成了一個廣泛的貿易網絡出現，並有助於物品與觀念的移動。後來要等到將近五百年後，才會出現類似情況，即另一個帝國統一草原。至少有一度「上天孕育之可汗」的時代已經結束，但留下了一種統治模式，這種模式則可追溯到匈奴。它成為了後繼遊牧國家的模範，無論大小皆然。

第四章

絲路城市與伊斯蘭教的到來

THE CITIES OF THE SILK ROAD AND
THE COMING OF ISLAM

[50]　　　　就在七、八世紀阿拉伯人入侵中亞河中地區的前夕，有一系列的綠洲城邦於絲綢之路北面形成了連結。花剌子模（Khwarazm）為農業、製造業與貿易中心，位於赭時（Châch，即今塔什干）、布哈拉與撒馬爾罕等粟特城市的西邊。花剌子模也是北方芬蘭－烏戈爾與斯拉夫民族的產品通往中東的主要渠道。穆卡達西（Al-Muqaddasî）是一位於 985 年進行寫作的阿拉伯地理學家，他列舉了一系列特別從花剌子模進口的物品：「紫貂皮（sable）、松鼠毛皮、白鼬皮（ermine）、鼬鼠皮（weasel）、貂皮（marten）、狐狸皮與河狸皮（beaver）、不同顏色的兔皮、山羊皮、蠟、箭、帽子、魚膠、魚牙、蓖麻（castor）、琥珀、蜂蜜、榛子、隼、劍、盔甲、樺木（*khalanj*）、奴隸、綿羊與牛。」[1]

　　　　粟特人（包括農夫、手工匠人與商人）伴隨著星羅棋布於歐亞大陸（從中國到克里米亞）的貿易殖民地，主宰了這個商業世界，提供了技術與財務的專門技術。他們出沒的蹤跡遍及日本至比利時。他們的商隊有一些跨越了歐亞的許多地方；而另一些則僅僅將地方土產從一個城鎮運送到另一個而已。然而工作不分輕重大小。考古的發現、

散落的書信殘卷與阿拉伯人對其征服的敘述，直到最近才使學者得以對粟特人與其在大夏的南方鄰居之內部經營操作有所理解。粟特商人常常與其位於主要城市與較小的聚落中的代表一起組成家族商號。在中國的粟特人則成為政府官員、軍官、農民與牧馬者。社群領袖亦浮出檯面，被稱為 *sartapao*（中文：薩保或薩寶），該詞借自梵文 *sârthavâha*（商隊領袖）。[2] 僅從這個詞就展現出其連結的多語及國際性格。

粟特「古信札」（Ancient Letters）源於四世紀時甘肅商人寄回其位於粟特地區家鄉的信件，這些信件提供了片段但偶爾生動的描寫，內容則關於其日常生活、個人關懷與時事。有一封女兒寄給母親的信中說到了她因為面臨夫家的反對而無法回娘家的困境。這位婦女抱怨她自己的不幸與貧困。僅僅有一位「僧人」幫助她並且願意給她一匹駱駝與一個男子陪伴她，但是她似乎需要其母親的一封信。另一個女子名為蜜吾乃（Miwnay），寫信給她的丈夫納奈德（Nanai-dhat），信中透露她明顯遭到其丈夫拋棄，並且表示她「寧嫁豬狗，不為汝妻」。[3]

[51]

[52]　　　大夏（Bactria）位於粟特地區之南，早前受貴霜與嚈
噠統治，也是祆教與佛教的主要中心。玄奘描述道：「當
地伽藍百有餘所，僧徒三千餘人。」⁴† 佛陀的塑像則以黃金
與寶石裝飾──這對強盜與信徒同樣具有吸引力。根據傳
說，亞歷山大大帝建造了其主要城市薄知（Baktra，後來稱
為巴爾赫）。薄知的都市化程度和粟特地區相較之下來得
低些，薄知及其城堡、村落都與其鄰近的伊朗薩珊王朝相
似。伊朗語系中的大夏語主要以希臘字母來拼寫，並且有
來自閃米特語、希臘語、梵語、薩珊王朝的波斯語、漢語
以及突厥語（Turkic）的借詞，這些都反映了其複雜的文化
史。

　　　往東，在新疆有另一系列的綠洲城邦或王國聚集於塔
里木盆地，在北面為吐魯番地區，在南面為和田。他們被
夾在草原遊牧強權與中國之間，自漢代以來常常享有不容
易的獨立或自治地位。到了七世紀，中國與吐蕃爭奪本地

---

† 　【譯註】此地在《大唐西域記》中作縛喝國，位於今日阿富汗巴爾赫省（Balkh）。

區。中國組織了疏勒（Kashghar）‡、焉耆（Agni，即今日
的焉耆〔Qarashahr〕），龜茲（Kucha）§與于闐（Khotan）¶
為「安西四鎮」（「安西」意為平定西方），並且很不容
易地在當地占有主宰地位，直至 751 年為止。

　　就當地而言，于闐控制了南邊，而疏勒則控制西邊。
于闐的傳說將其城市的源起追溯至阿育王（Ashoka）的時
代，阿育王為西元前三世紀信奉佛教的印度統治者。印度
佛教的影響仍舊強大，且印度是人口第二大的集團，僅次
於伊朗的塞人（Saka）。于闐為白玉、綠玉與絲綢的中心。
根據壁畫上的當地傳說，蠶被放在一位二世紀的中國公主
（其他的敘述則說她是來自龜茲的公主）精緻的頭巾中而
得以走私進入于闐，她被遣往嫁給于闐統治者）。5 玄奘記
錄下了這則故事，記述于闐的居民為都市佛教徒，並且熱
愛音樂與舞蹈。** 他們也有些特別的習慣。例如他們建造了

‡　【譯註】為今新疆喀什地區。
§　【譯註】為今新疆庫車縣。
¶　【譯註】為今新疆和田縣。
**　【譯註】此地在《大唐西域記》作瞿薩旦那國。

一座廟宇以祭拜地方上的老鼠、大型的銀色與金色野獸。
根據當地傳說，于闐王有次面臨「匈奴」攻擊，祈求老鼠
能幫忙擊退駐紮在城外鼠墩的敵人。一隻巨大的老鼠出現
在國王的夢中並且答應助其一臂之力。老鼠後來將匈奴的
皮甲、馬具與弓弦都咬壞了，確保了于闐人的勝利。[6] 有一
幅被英國旅行家[†]稱為「鼠頭神」的畫作就是取自這個地區，
並且見於大英博物館的蒐藏中。[7]

[53] 龜茲、焉耆與高昌（Qocho）[‡]為重要的城邦，至少到
八世紀當地居民仍使用吐火羅語。其經濟結合了農業、畜
牧業、手工製造業。他們輸出食品、酒、絲綢、織品、毛
氈、玉以及化妝品。這整個地區經歷了中國與印度深遠的
文化影響。在這些歐亞十字路口所使用的語言文字之廣泛
相當非凡。已被發現的文書與碑文有中文、藏文、突厥文
（Turkic）、吐火羅文、印度文、希臘文、亞美尼亞文、多
種的閃米特文、伊朗文與其他較不為人知的語文。

† 【譯註】即斯坦因（Aurel Stein）。
‡ 【譯註】位於今日新疆吐魯番地區。

　　在中亞河中地區，直到 650 年突厥人仍為主宰霸權，
雖然他們的統治有時僅僅是間接的。論及地方城邦，僅有
花剌子模 [§] 在他們的國王花剌子模沙赫（*Khwârazmshâh*）
統治下，擁有一個中央集權的國家。粟特人則組成了一個
較為鬆散的聯盟。布哈拉與撒馬爾罕共有同一皇室：昭武
（Jamûg）家族。[8]「布哈拉之君主」有一張駱駝型的王座，
這自然是意指駱駝商隊貿易對其經濟的重要性。記述中偶
爾會提到有一位「粟特地區之王」，而他至多是「同輩之
首」。由納爾沙希（Narshahkî）於西元 940 年代所撰之《布
哈拉史》（*History of Bukhara*）中描述道，雖然統治者僅
享有少許的實權，但其王廷卻富有氣派與儀式。在八世紀
初期，也就是正好在阿拉伯人征服中亞之前，該國由「可
敦」（*Khâtûn*，即皇后），同時也是未成年的「布哈拉之
君主」土格沙達（Tughshâda）之母所統治。她臨朝時，端
坐在王座之上，跟前則聚集了奴隸、宦官與貴族。有兩百
名「青年，個個腰束金腰帶，（肩上）背寶劍」，每天從
鄉間來伺候她。她早上執行法律，回城堡用午膳（並傳送

§　【譯註】《新唐書》稱之為火尋。

裝有食物的盤子予其「所有隨從」），然後下午重啟朝廷理事直到日落。[9]

納爾沙希聲稱布哈拉有一千間店鋪，他並且注意到其中「蔬菜雜貨攤」位於城牆邊上，而以剝阿月渾子（Pistachio）[†] 外殼為業者則在他們旁邊。「香料商人」則在另外一區，而有一道大門即以他們來命名。城市中以牆壁來分隔各個區，而人們則在那些連接不同區域的大門之間穿梭。

在統治者之下，則有三個階級或階層：貴族、商人與平民。相較於鄰近且稍早曾將其權力延伸到此處的伊朗薩珊王朝，在居住於城堡中的貴族以及其房子與產業都一樣奢侈的商人—王公兩者之間，並不存在鴻溝。布哈拉的喀什卡提氏（Kashkath clan）就是這些富有而有權勢的商人典型。根據納爾沙希的記載，在布哈拉的阿拉伯征服者「徵求」了他們的部分房屋之後，喀什卡提家族就「在城外建

[†] 【譯註】即俗稱之開心果。

了七百間別墅」，每間都有自己的花園、庭園與僕人居
所。[10] 為了保護他們自己，粟特統治者與高等貴族有他們的
「赭羯」（*châkar*），即訓練有素的菁英部隊，而他們則受 [54]
粟特統治者與高等貴族養育、教育，甚至被收為義子以確
保他們的忠誠。他們以其勇武著稱。他們當中有些人被描
繪在撒馬爾罕的宮殿壁畫中。赭羯部隊主要是從平民百姓
中徵召而來。[11] 這類軍事隨從常見於古代與中世紀歐洲與中
亞的戰士社會當中。在土地上勞動的小農則遠離於有權勢
者的宮廷之外。雖然他們嚴格來說是自由的，但通常都在
「德赫干」（*dihqân*，即擁有土地的貴族階層）的勢力之下。
由於負債，部分小農被迫落入類似於中古歐洲農奴的地位。

粟特地區對外遙遠的連絡創造了一個世界性、高度複
雜且有文化的社會，而商業與世俗為其特徵。[12] 儘管粟特人
對於不同的宗教充滿興趣與寬容，他們也著迷於這個世上的
事物。這點從保留在粟特城市的遺跡彭吉肯特（Panjîkand，
也拼寫為 Penjikent 或 Pendzhikent）的非凡壁畫來看是不
證自明的。它曾短暫是自封為「粟特之王」的德瓦什提奇
（Dêwâshtîch）的首都。許多房屋（包括那些較不富裕的

人家）都裝飾有壁畫與其他藝術作品，當中反映了文化的混合。例如，有面牆上畫著一幅圖畫，那是關於一隻會下金蛋的鵝的故事，這對伊索寓言的讀者來說耳熟能詳。另一個房間中有個女子樂團穿著中國服飾。而其他的故事（有著印度與中國的變體）則描繪在商業交易中的詐騙[13]——一個為所有粟特商人所熟知的主題。

那裡也有伊朗神祇的塑像，例如阿納希塔（Anahid），她是一位掌管繁殖力的女神，以懷抱水果的形象出現。那兒有動物的圖像，並遵循了可以回溯到斯基泰時期的「動物風格」傳統。那裡也有穿著飄逸服飾之人物像的木雕，這似乎是受到了印度藝術的啟發。也有紀念性的雕像，其次是宗教性的。這些雕像的極佳範例也可以在鄰近的大夏得見。其中最有名的也許是位於今日阿富汗的巴米揚（Bamiyan）大佛，該雕像已於 2001 年為塔利班（Taliban）所摧毀。

這所有的都市文化產出了為數可觀的文學作品，有許多但非全部的作品內容具有宗教性。有的講述說教性的道

德故事。有一則故事相當類似於約伯（Job）的聖經故事，
是關於一個極為富有的人並且有許多妻子與孩子，他並且
為她們舉行了奢華的婚宴。他受到同鄉人的讚揚。隨後他
的生活分崩離析。他的兒孫喪生而他自己則失去了一切。
他的社會地位下降到比女奴還要更低。很可惜我們不知道
這個故事的結尾，因為留下來的只有斷簡殘篇。[14] 世俗文書
包括了史詩故事、愛情故事、法典與政府通訊，例如在穆
格山（Mt. Mugh）發現的德瓦什提奇檔案。讀寫能力也廣
為傳布。當然，商人需要記錄他們的交易、路線與產品。
在鄉間已發現較不正式的書寫，在那裡平民則在日常用品
上寫字，例如在黏土製的器皿與牆壁上。

[55]

　　最明顯的文化混合則反映在宗教上。對照中世紀的近
東與歐洲，很明顯的是，粟特地區並沒有國教而且也普遍
實行宗教容忍。以粟特文寫成的摩尼教、基督教與佛教文
本證明了其興趣之廣泛。佛教仍然在鄰近的貴霜－嚈噠領
土上廣為流傳，與許多當地的男女神祇並存，例如阿姆河
（媯水）崇拜。靠近中國的中亞城市，例如龜茲、高昌與
于闐，則已經接受佛教達數百年之久。這些城市以其佛教

學問與譯師馳名，他們將梵文佛教文本翻譯為中文、于闐塞語和吐火羅語。最早的主要中文譯師之一則是鳩摩羅什（Kumarajiva），他是一位來自龜茲的吐火羅貴族。中國的佛教徒為了學習佛法而來到龜茲。

　　玄奘與後來的中國旅人在粟特本部只發現少許的佛教遺留，在當地佛教也許從未強大過。他表示撒馬爾罕的統治者與人民以事火為道。該城市僅有「兩所寺院」（指佛教寺院），「卻無居僧」。[15]† 然而，《唐書》‡ 則記載他們「尚浮圖法，祠祆神」。[16] 後者指的是祆教。總體來說，佛教在東邊的粟特人聚居區取得較好的進展。除了祆教傳入前的崇拜聚焦於自然元素（火、水、土、氣）之外，粟特人與花剌子模人還敬拜神話中的伊朗英雄夏沃什（Siyâvûsh），他與生、死與重生相關。布哈拉的人民相信他建造了他們的城堡並且每年在納吾肉孜節（Nawrûz，伊朗新年〔與三月下旬的春分相符〕）的黎明前夕獻祭一隻公雞以紀念他。

† 　【譯註】撒馬爾罕在《大唐大慈恩寺三藏法師傳》中作颯秣建。
‡ 　【譯註】此為《新唐書》。

納吾肉孜節仍然在伊朗與中亞等地廣為慶祝。

　　祆教在使用伊朗語的中亞世界裡有許多地方變體，但是缺乏國家支持的神職人員科層制，而這在信奉祆教的伊朗地區相當典型。人們崇拜各種各樣的神祇，包括了個體、家族、地方與區域崇拜。鄰居間最喜愛的神祇常常不同，而這些神祇被其家族視為其特別的守護神。布哈拉人也崇 [57] 拜一位母神阿納希塔（Anahid，波斯語 Anahita）、有著人首牛身，且被視為製造生命之主要力量的神祇勾派特沙赫（Gopatshah），以及其他神祇。波斯祆教的主神、善的領袖阿胡拉・馬茲達在粟特地區則顯現為胡拉馬茲達・巴格（Khurmazta Bagh，意為「胡拉馬茲達神」）。粟特人的神也包括了扎爾瓦納（Zarvana），有時也被稱為「諸神之王」、瓦舍根（Washeghn）或作未沙根（Wishaghn）（波斯語：*Verethraghna*，勝利之神）、娜奈亞（Nanaiya）（一位非伊朗的女神，或為美索不達米亞或埃蘭〔Elamite〕的女神，其崇拜在祆教徒中廣為流傳）、帕恩（Parn）（意為「好運」、「皇家的榮耀」），以及其他為廣大伊朗世界所知的神祇，還有邪惡力量的領袖沈姆奴（Shimnu）（即

祆教的波斯傳統中之阿里曼）。610 年，一位隋朝派往「西蕃」的使臣韋節講述了一種粟特崇拜：「俗事天神，崇敬甚重。雲神兒七月死，失骸骨，事神之人每至其月，俱著黑疊衣，徒跣撫胸號哭，涕淚交流。丈夫婦女三五百人散在草野，求天兒骸骨，七日便止。」[†] 粟特人也敬拜其祖先，於歲末服喪時會獻祭食物並割其面。[17]

　　許多粟特聚落之名會有 *vaghn/vaghan*（-*baghn*、-*faghn*，意為寺廟），意指它們聚集在寺廟的周邊。比魯尼（Al-Bîrûnî）是一位十一世紀的花剌子模博學的大學者，以阿拉伯文寫作了關於歷史、地理、哲學、神學、數學、曆法系統與天文學著作。他記述道，許多粟特與花剌子模的節慶明顯與當地的祆教有關。例如有個節慶舉行的時間為巴薩卡納吉月（month of Basâkanaj，為粟特年的第四個月）的第十五日，允許人們在絕食斷飲任何被火接觸過的東西，過了一段未知的時間後，再次食用發酵過的麵包。在年中的假日法噶坎月（month of Faghakân）的第二天時，

†　【譯註】此段引文參見杜佑《通典》卷 193。

人們會聚集在火神廟中並且食用一種以小米、奶油及糖所
製成的特別餐點。[18] 可惜的是，比魯尼沒有解釋這些節慶
（這許多假日的名稱中都有 *khwâra* 一字，意為「吃食」）
在其宗教中的作用。

　　對偶像的廣泛崇拜明顯將中亞的祆教與其缺乏偶像的
波斯形式相區隔開來。這些偶像以木頭或黏土製成，而以
珠寶與寶石裝飾之。中國的記載中（例如《隋書》）提到
與在位於粟特地區的伊什特汗（Ishtikhan）區域（中文稱
「曹」）與「得悉」（Desi）相關的金製偶像，每次有高達
將近一千人對其進行日常犧牲，包括了五頭駱駝、十匹馬
與一百頭羊。[19]‡ 得悉崇拜流傳很廣。這些偶像在地方宗教
系統中的起源與確切功能並不總是相當清楚。有的也許反
映了印度教與佛教的影響。這些偶像是如此之多，以至於
當阿拉伯人征服撒馬爾罕後，他們所焚燒的偶像堆起來足
足有一個城堡高。

[58]

‡　【譯註】參見《隋書》卷 83。

　　根據中國方面的記載，在元旦康國（粟特地區）國王與人民會穿新衣、理髮鬚。他們會在首都附近的森林中舉行連續七天的騎射比賽。無論誰射中靶心（一枚固定在一張紙上的金幣），他將能當一日國王。[20][†] 在費爾干納（Ferghana），這類競賽則要來得更加不友善些。在那裡有兩個冠軍各自代表兩個互相競爭的貴族派系，兩人必須相鬥至死。這將決定是否今年會是個好年或凶年。[21][‡]

　　除了佛教與地方崇拜以外，也有基督教聶斯脫里派（Nestorian Christianity）的信徒，該派強調基督的人性。[§] 他們在波斯卡瓦德沙赫（Shah Kavad）[¶] 短暫逃往中亞時，擔任其隨行人員。有的則仍舊繼續傳教工作。景教於 635 年經由中亞傳入中國。景教徒從其基地木鹿（Merv）[**]，於六世紀初在撒馬爾罕建立了一個中心，成功使突厥

---

† 【譯註】參見杜佑《通典》卷 193。
‡ 【譯註】費爾干納在當時被稱為寧遠國，此記載參見《新唐書》卷 221 下。
§ 【譯註】中國則稱之為景教，以下以景教稱之。
¶ 【譯註】薩珊王朝國王，488-531 年在位。
** 【譯註】今土庫曼梅爾夫。

（Turkic）與後來的蒙古部落改信景教。波斯人於西元 590
年代送往君士坦丁堡的突厥（Turkic）戰俘，其前額上刺有
十字架的文面圖案，作為抵抗瘟疫的護身符，而這些人很
可能就是皈依景教者。到了七世紀，撒馬爾罕則成立了一
個大主教區。在許多方面上，在穆斯林之後，景教徒成為
這個地區最為成功的宗教社群。如同其他宗教一般，粟特
商人也扮演傳教士的角色。

在中亞與其他地方的阿拉伯－伊斯蘭征服立基於多重
的動機之上：宗教狂熱、對土地的渴望、戰利品以及分散
對伊斯蘭教腹地中逐漸升高之衝突的注意力。651 年，在薩
珊王朝的末代君主伊嗣俟三世（Yazdigard III）死於一個不
知名的暗殺者手上，而伊朗也歸順了阿拉伯以後，穆斯林
進入了 *Mâ warâ'nahr*，該詞意為「河（指烏滸水）對岸的
土地」，為中亞河中地區（Transoxiana）的阿拉伯語譯文。
這也是阿拉伯更大的對外進攻計畫中的一部分，即穆罕默
德（死於 632 年）最後的繼承人倭馬亞王朝（Umayyad）
的哈里發（統治時間為 661–750 年）以及擴張中的穆斯林
國家之政治領袖對於位在北高加索的突厥後繼國家可薩人

（Khazars）、位於中亞河中地區的西突厥，還有在北非的柏柏爾人（Berbers）所發起的進攻。阿拉伯的軍隊進軍阿富汗並且跨越了烏滸水（它也是中亞與中東的分界線）進入粟特地區而肆行搶掠，當時粟特地區還處於西突厥鬆散的統治之下。659 年，正當阿拉伯開始侵掠時，突厥被中國[59] 取而代之。到了西元 690 年代時，西突厥復興，在中國、吐蕃、突厥與阿拉伯人競逐控制權時，情況也變得複雜起來。

705 年，倭馬亞王朝在東方的指揮官屈底波‧並‧波悉林（Qutaiba ibn Muslim）將阿拉伯的搶掠轉變為征服戰爭。在從烏滸河延伸到中國的政治棋盤上，屈底波相當有技巧地利用當地粟特人與突厥人之間的對抗。有些在木鹿的粟特商人甚至在財務上協助阿拉伯的遠征。這是一椿好生意，而且他們得以分一杯羹。很快地一個接一個，屈底波拿下了布哈拉、花剌子模、吐火羅斯坦（位於阿富汗）。到了 712 年，他已經準備好要對付撒馬爾罕了。

撒馬爾罕的統治者古列克（Ghûrak）遭受圍攻。一支

由粟特貴族與戰士所組成並被派往解救該都市的特別部隊
遭遇了阿拉伯人的伏擊。阿拉伯人將死者的頭顱砍下，在
他們的耳朵上寫下他們的名字，然後將其繫在他們的腰帶
上送還給屈底波，並以此作為裝飾。這起災難的消息很快
就散播開來，而抵抗也隨之崩潰。面對救兵已經無望的古
列克最後只能投降。在 712 年簽訂的條約中，阿拉伯人承
認 —— 抑或是授予 —— 古列克「粟特之王」的稱號。而扶
植一個在其控制之下的領導人也符合阿拉伯人的利益。阿
拉伯人在 713 年擊敗了東突厥的軍隊後，認為他們對粟特
地區與花剌子模的控制已經牢固。

穆斯林征服者們也苦於自己國內的政治爭端。感到自
己處於弱勢的屈底波決定反叛，後卒於 715 年。而阿拉伯
在中亞河中地區的霸權也馬上垮臺。716 年遷善可汗的過世
使得情勢更加複雜之後，西突厥意圖從其東方的親族中重
申其獨立。粟特人覺得機會來了，因而發起了一場大型叛
變以反抗阿拉伯人。而自立為王的德瓦什提奇則站在叛軍
這一邊。

穆格山文書讓我們得以匆匆一瞥這個時代。在一封
寫於阿拉伯人剛剛重申其權威時，致德瓦什提奇「君主、
陛下、偉大的堡壘、粟特之王」的信中，作者「無用的奴
才法土方（Fatufarn）」作為德瓦什提奇的密探報告道，
他已經將信以及過於敏感而未形諸於文字（但是他乏味地
報告道，以口述且毫無遺漏地）的資訊，帶給赭時（今塔
什干）、費爾干納與其他國家的統治者。而來自蘇對薩那
（Ustrushâna，另一個粟特小國）的信中則寫道：「我尚未
聽聞任何好消息。甚至連蘇對薩那國都已完全撤離。啟稟
我主，我獨自一人無人相伴，而我沒有打算冒險離開。」[22]
謠言盛傳，其他國家已經跟阿拉伯人達成協議。令人惋惜
[60] 的是，這些通信只有隻字片語留下。阿拉伯人俘獲了德瓦
什提奇，並且於 722 年將他釘死在十字架上。同時，古列
克為了尋求聯盟而欺騙了阿拉伯人與突厥人。阿拉伯人的
控制仍舊並不穩固。到了 728 年，其控制區域縮減到僅有
撒馬爾罕及少數其他地區。粟特人在突厥與吐蕃找到了樂
意協助的盟友。

正當阿拉伯的統治風雨飄搖時，西突厥在突騎施部

（Türgesh tribe）的蘇祿（Sulu）可汗領導下捲土重來，並排擠了名義上的西突厥可汗。突騎施與吐蕃聯盟，而偶爾分別與阿拉伯人與反阿拉伯的粟特人結盟，其立場也不時在兩者間遊移。西突厥－突騎施侵入新疆一事使唐朝感到憂慮，遂鼓動突厥內部分裂，並挑撥蘇祿對抗其可汗。吐蕃、突騎施與阿拉伯叛軍聯合威脅了穆斯林在烏滸河對岸的統治。而這場帝國與其地方盟友之衝突的大獎則是取得對中亞河中地區絲綢之路的控制。

736 至 737 年間，唐朝擊敗了突騎施而且擊潰吐蕃。737 年，阿拉伯人大敗蘇祿。根據十世紀的阿拉伯歷史學家塔巴里（al-Tabarî）記載，蘇祿與其敵手莫賀達干（Bagha Tarqan Kül Chur）在一場因雙陸棋（backgammon）而起的爭執後不久，於睡夢中被謀殺。隔天突厥人將蘇祿的光裸屍體「扔棄」，而「開始搶掠彼此」。[23] 蘇祿之死使得突騎施土崩瓦解，也終結了他們對阿拉伯控制的挑戰。莫賀達干與中國發生衝突，而死於 744 年，就在此時，回鶻成為東突厥故地的新主人。葛邏祿（Qarluqs）原為一突厥（Turkic）部族聯盟，且迄今與回鶻結盟。但他們隔年就與

其傲慢的新統治者決裂，逃入西突厥故地，而在那裡唐朝
再度取得主宰地位。

穆斯林與中國這兩個餘留下來且對中亞有所圖謀的帝
國，彼此一戰在所難免。而一場發生在粟特城邦中的地方性
權力鬥爭則提供了引燃的火花，並於 751 年將唐軍與其葛邏
祿盟軍帶往哈薩克境內的怛羅斯河（Talas River）附近之地，
面對穆斯林軍隊。葛邏祿的叛逃、西突厥與突騎施之間對立
的升高使穆斯林最終勝出。長久以來，一直有人聲稱在被帶
往撒馬爾罕的中國俘虜中有人知道如何造紙，而透過他們，
紙張得以傳入廣大地中海地區。近年來的研究指出，中國至
少在三世紀起就已出口紙張；它在伊斯蘭教傳入前於新疆與
粟特地區也為人所知，這些紙張則是由商人與佛教朝聖者所
帶去的。中亞也許是穆斯林中東地區的造紙技術源頭，但那
並不必然與 751 年的事件有所關聯。[24]

阿拉伯的勝利，加上隨後中國因為內戰（755–763 年）[†]

† 【編按】即安史之亂。

從中亞撤退，為伊斯蘭教成為中亞河中地區之主要宗教鋪 [61]
好了道路。隨著穆斯林強化了對於粟特城邦的控制，有些
粟特人向東逃亡，投靠到其位於中亞與中國交界邊境之親
族的社群當中。

　　在中東，阿拉伯人完成了史上最成功的殖民事業之一。
大批的阿拉伯人定居在被征服的領地中，包括了中亞河中
地區與波斯間的邊境。在以閃米特人為主的中東地區，阿
拉伯語取代了其同類的阿拉美語（Aramaic），後者主要由
當地的基督徒與猶太人所使用。一開始伊斯蘭教只是征服
者菁英的宗教。改宗的情況逐漸開始發生。直至進入九世
紀，穆斯林都尚未在美索不達米亞構成多數。在敘利亞與
埃及，這個時間則甚至需要更久。然而，伊朗作為最早被
征服且穆斯林占多數（約於九世紀初期或中期）的土地，
卻保持了其自己的語言（即波斯語）與獨特的文化。

　　在中亞，過了幾個世紀後，大批使用伊朗語的都市人
口改信了伊斯蘭教。如其他地方一樣，改宗的情況從城市
輻射出去，在城市中穆斯林與非穆斯林互動最為直接。在

有些地區，新的宗教跟舊的信仰混合在一起。改宗者放棄舊做法的速度是緩慢的。雖然征服（為改宗）提供了基礎，但是改宗通常是自願的，也常是精神、政治、社會與經濟動機的混合。有商業頭腦的粟特與花剌子模商人看到了成為日漸成長的伊斯蘭世界之一部分的好處。在新建立的阿拔斯哈里發國（'Abbâsid caliphate）中居顯貴地位的波斯與中亞伊朗人，還有一般而言在九世紀時非阿拉伯穆斯林地位的提高也對改宗作出了貢獻。雖然哈里發的控制在十世紀時衰微，地方上的伊斯蘭教如今在城市中紮根穩固後，進入了鄉村。到了十一與十二世紀，鄉村大多數也已成為穆斯林。而舊日擁有土地之士紳的德赫干階級已經衰微，而被新的穆斯林菁英所取代。

城市勃興而政府則沿著商隊路線建造城堡與客棧，促進了長途貿易。波斯語作為伊朗東方世界中許多人所使用的「第二語言」，逐漸取代了其「親族」語言大夏語、粟特語和花剌子模語，雖然到了十一世紀仍有城市以粟特語為主。比魯尼敘述道，阿拉伯人征服花剌子模後，把所有的書籍都給燒了，並且殺了許多他們的學者。[25] 但是，有些

超越口述傳統的東西一定殘存了下來，因為他提供了關於
其出生地之當地習俗、曆法與宗教信仰的無價記述。花剌
子模語似乎也被持續使用著，也許持續到十四世紀。波斯
語在整個東部伊斯蘭世界擴張。伊朗人稱穆斯林為「大食」
（*Tâjîk* 或 *Tâzîk*）。在中亞，大食首先指稱阿拉伯穆斯林， [62]
但最後用來指所有在中亞河中地區並採用波斯語的穆斯林。

中亞是現代波斯語發展為一種文學語言的先驅。它以
阿拉伯文取代了阿拉美文並且採借了為數可觀的阿拉伯詞
語。然而，波斯語並非唯一一種用來同化使用粟特語民族
的語言。突厥語作為中亞多數政治君主使用的語言也對粟
特語民族進行了大量的入侵。在十一世紀晚期，麻赫穆德·
喀什噶里（Mahmûd al-Kâshgharî）是一位以阿拉伯文寫作
的突厥語辭典編纂家。他能夠指出哪些城市的人口使用突
厥語和粟特語雙語。在別處，他記述道突厥語在城市占主
要地位，而地方性的伊朗語則僅僅殘存於周圍的村落中。

在新疆，由於中國與吐蕃在八至九世紀初期的激烈鬥
爭，使得情況在許多方面都不一樣。阿拉伯的穆斯林軍隊

未曾踏足此處。伊斯蘭教只有到了九世紀末與十世紀才取得一個立足之處。但是大型而長期的族群和語言變遷則正在發生。党項人（Tanguts，中文稱西夏）來自中國西北，與藏緬民族相關，於 1028 至 1036 年間侵擾甘肅回鶻。而新疆的其他回鶻小國出於創建自己國家的本能慾望，而在隨後的兩個世紀中維持了獨立。甘肅回鶻則存留下來變成了一個小型族群集團，即黃頭回鶻[26]，也是少數突厥民族仍信奉佛教的例子之一。新疆的回鶻人則保持了他們的獨立。他們與其伊朗及吐火羅屬民有著相同的宗教：佛教。回鶻式突厥文開始逐漸取代當地語言，而這個過程則大致完成於蒙古征服時期。回鶻人由於定居下來與其屬民通婚之故，而轉變為中國與西域貿易的中間人。今天所稱的新疆真正地轉變為東突厥斯坦。

第五章

新月高掛草原：伊斯蘭教與突厥民族

CRESCENT OVER THE STEPPE:
ISLAM AND THE TURKIC PEOPLES

[63]　　　因突厥帝國傾覆以及回鶻在蒙古奪得大權所觸發的遷徙，將突厥（Turkic）部落向西帶到伊朗－伊斯蘭的中亞河中地區，間或進入黑海草原。這些部落如今與伊斯蘭和拜占庭帝國有了直接而持續的接觸，形塑了現代中亞突厥民族的族群基石。[†]

　　745 年，葛邏祿來到了位於哈薩克東南部的七河地區（Semirech'e region）並且於 766 年取代了西突厥（western Türks）成為當地的主要強權。在回鶻於 840 年崩解後的短時間內，他們自立為突厥（Turkic）遊牧民的領袖，稱其統治者為「可汗中的可汗」。西元 770 年代，狂暴的烏古斯人出現於鄰近的錫爾河區域，驅逐了另一支突厥系（Turkic）民族比千人（Pechenegs），他們被蔑稱為「毛髮蓬亂的狗」，[1] 而後者最終進入黑海草原。後來的比千人遷徙，依序首先迫使匈牙利人的祖先從巴什基爾地區（Bashkiria）進入黑海草原，並且隨後在九世紀晚期進入東歐中部。中亞遊牧民的遷徙不僅改變了草原部落的面貌，

† 　【譯註】此後的突厥，若無特指，皆指廣義的突厥人（Turks 或 Turkic），而非特指突厥帝國。

也對歐洲的政治與族群結構產生了影響。

　　在八世紀的最後四分之一時段中，向外擴展的寄蔑汗
國（Kimek qaghanate）在西伯利亞西部形成，它是由突厥、
塔塔兒與其他來自蒙古－滿洲的邊境之成員所混合而成的。
寄蔑人有效地利用與北方森林進行有利可圖的毛皮貿易以
及因而導致的與穆斯林世界所作的長途貿易。在十一世紀
的上半葉，其屬民欽察人（Qïpchaqs）解散了寄蔑汗國，
組成了一個從多瑙河到西伯利亞西部之無國家的部族聯盟。

　　他們的北邊和東邊為點戛斯人，其統治者仍舊保有
可汗尊號，並且住在謙河城（Kemijkath），該城以謙河
（Kem，即葉尼塞河）命名。穆斯林地理學家對他們的評
價不高，評為「這些人有著野獸一般的本性……沒有法律
且不知憐憫，與周圍的人爭戰並且懷有敵意」。[2] 其部分部
落甚至被指控有食人風俗。這類報告為事實與幻想的混合，　[64]
而這在對遙遠民族的記述中也是相當典型的情況。雖然點
戛斯人位處偏遠且居住於森林與草原世界中，但他們為絲
綢之路貿易提供了麝香、毛皮、木材與象牙。

這些國家與部族聯盟使用多多少少相通的突厥語方言，並且遵循類似的遊牧生活方式。他們彼此攻戰的可能性與其掠奪定居國度的可能性相當。穆斯林的綠洲城市與他們進行交易，但也築城以阻止來犯的隊群靠近，另外也對草原進行搶掠。

到了九世紀初期，穆斯林已經發展出一套蓬勃的奴隸貿易，奴隸則來自於歐亞的北方國度與草原區域。位於伏爾加河的可薩汗國（七世紀中葉至 965 與 969 年）則是兩大奴隸供給者之一。另一個則是薩曼王朝的異密（Sâmânid amîrs，819–1005 年），是由統治中亞河中地區總督所建立的王朝，並且在名義上附屬於阿拔斯王朝。他們的奴隸來源有兩種：在戰爭中被俘虜的突厥遊牧民，以及透過奴隸掠奪所獲的東歐森林與農業區之斯拉夫人（Slavs）。「斯拉夫」之名與這種可怕的商業關係是如此的緊密，以致英語中的「奴隸」（slave）一詞即源出於此。

突厥奴隸主要被賣給阿拔斯王朝的哈里發，他們尋找著唯命是從的人肉軍事機器，而且作為異族，他們也不

會被哈里發國內部互鬥的政治與族群派系所顛覆。突厥人
既非中東的本地人，又以其戰鬥技巧和耐力著稱，實為符
合此目的之理想人選。阿拉伯人稱軍事奴隸為「古拉姆」
（ghulâm，複數形為 ghilmân，字面意義為「男孩」）或是
後來的「馬木留克」（mamlûk，意為「奴隸、被擁有者」）。
賈希茲（Al-Jâhiz）為阿拉伯散文家，據說有衣索比亞血統。
他曾經寫過關於族群問題的作品，特別是突厥，而且讚揚
其刻苦耐勞，表示他們「在馬背上待的天數比在地上的時
間還多」。[3] 一旦一個古拉姆被帶入哈里發國後，他會接受
進一步的訓練並且會被徵召進入特種部隊。

諸如粟特的「赭羯」等中亞模式也許影響了「古拉姆」
制度的成形。除此之外，許多來自中亞的粟特與突厥貴族
也自願加入服務哈里發的行列。許多突厥人獲得了高級軍
事與宮廷職位，而且最終控制了哈里發國。確實，可薩人
伊塔赫（Itakh）是一個九世紀在巴格達重要的古拉姆，他
最早以在巴格達富人家中擔任奴隸－廚師開始其職涯。隨
著哈里發的廢立取決於有權勢的突厥指揮官之手，最終可
以說是軍事奴隸制度削弱了阿拔斯王朝的權威。這也絕非

哈里發當初所希望看到的結果。

[65]　　　可薩人王室的源頭似為突厥（Türk）阿史那氏。630 至 650 年間，他脫離了阿史那家族，並且在北高加索、烏克蘭與南俄草原建國。長期與阿拉伯哈里發國作戰（西元 640 年代至 737 年）以爭奪高加索地區控制權的結果，最終雙方以北高加索為界。可薩人也在烏克蘭草原上擊敗了不里阿兒人 † 聯盟（Bulghar union），迫使部分不里阿兒人於 679 年進入巴爾幹半島。這些不里阿兒人征服了較早移入後來成為保加利亞（Bulgaria）之地的斯拉夫部落。864 年，巴爾幹不里阿兒人已經與斯拉夫人同化，改信了基督教，產生了今日的保加爾民族。但是，中亞文化的元素持續存在。例如，一份不里阿兒國王列表（可上溯到九世紀）使用了一種保加爾突厥語和斯拉夫語的混合語，並且根據十二生肖的曆法來記載在位年分，這種曆法在亞洲仍舊廣為使用並且先前在突厥民族當中廣為流傳。[4]

† 　【譯註】即近現代保加爾人的先祖。

可薩汗國控制了伏爾加河通路，這對來自波羅的海與北歐森林且經由裏海通往伊斯蘭世界的貨物而言，是一條重要幹道。因此可薩汗國成為中世紀世界的商業中心之一。可薩國通常——但並非總是——與拜占庭結盟，在政治與經濟互動上，則與君士坦丁堡和巴格達保持複雜的三角關係。一位可薩公主甚至嫁給了拜占庭君主。拜占庭皇帝極少與外國女子結婚。阿得（Atil）位於伏爾加河下游，為可薩的首都。在那裡充滿外國商人的喧囂與可薩可汗屬下二十五個民族的代表。穆斯林（大多數可能為常駐外國商人的主體）、基督徒、猶太人與異教徒在當地都能得見。每個群體都有權利接受本身宗教法律的審判。可薩可汗於八世紀晚期至九世紀初期改信猶太教，而許多可薩統治氏族也隨之改宗。其他的則保持為異教徒，維持薩滿信仰，這也是當時突厥人的典型做法。然而也有其他人改宗了伊斯蘭教或基督教。他們仍舊將可汗視為一個近乎神明的人物，是國家鴻運的護身符。一名位居其下的可汗則被委以領地日常治理之責。而地方上的穆斯林則包括了國家的首席大臣。他與神聖可汗的貼身侍衛則有花剌子模的血統，並且長久以來居住在可薩國。

[66] 薩曼王朝在奴隸貿易中甚至更為重要。他們為伊朗人，也許來自於吐火羅斯坦（位於今日之阿富汗）。他們是倭馬亞時期改信伊斯蘭教之地方君主的後裔，而在九世紀初時取得了地方上的尊顯地位。他們在突厥草原上的搶掠，捕獲了部分早期的突厥奴隸兵。薩曼王朝將其轉為一種生意，甚至開辦學校來訓練這些奴隸如何服務。這類的遠征，如 893 年由薩曼王朝的異密伊斯梅爾（Ismâ'îl，他自稱為「布哈拉區的城牆」[5]）所領導的那次，帶回了一萬到一萬五千名俘虜，包括了葛邏祿首領的妻子。

起自其首都布哈拉，薩曼王朝的異密成為波斯文學燦爛復興的贊助人。而來自薩曼王朝勢力範圍內的中亞學者，則為伊斯蘭與世界文化作出了重要貢獻。數學家阿布·賈法·穆罕默德·花拉子米（Abu Ja'far Muhammad al-Khwârazmî，約於 780–850 年），為花剌子模本地人，他成為哈里發馬蒙（al-Ma'mûn）宮廷中的占星家之一。其名字的變形即為英語中的「演算法」（algorithm）一詞的由來。除了他對於代數的貢獻以外，另外也留下地理學與天文學作品。

穆罕默德・法拉比（Muhammad al-Farâbî），來自錫
爾河流域，名列當時偉大的博物學家之一。他在學校中學
習粟特文與波斯文，而其著作則以阿拉伯文出版。在布哈
拉執教之後，他後來先定居於伊朗，最後落腳於巴格達與
大馬士革（Damascus）。這種遷徙在當時的穆斯林學者中
並不罕見。其作品處理的主題相當廣泛：哲學、政治理論、
倫理學、自然科學、醫藥、數學、文學、語言學以及音
樂。他也論及許多古代希臘哲學家，這些人包括了柏拉圖
（Plato）、亞里斯多德（Aristotle）與歐幾里得（Euclid）。
其部分研究被用為整個穆斯林世界之高等教育學校中的教
材，例如《智慧的判斷》（*Fusûl al-Hikam*）。其《音樂大典》
（*Kitâb al-Mûsîqî al-Kabîr*）處理聲學（acoustics）、音樂
的數學以及作曲。法拉比的思想到了十九世紀仍舊影響歐
洲的音樂學者。

伊本・西那（Ibn Sina），在歐洲以阿維森納（Avicenna）
之名為人所知，來自布哈拉附近地區，某種程度來說他奪
去了法拉比的風采。伊本・西那為薩曼王朝官員之子，在
幾乎所有知識領域中都是傑出的學者，他在治癒薩曼王朝

的異密努赫・伊本・曼蘇爾（Nûh ibn Mansûr）後，年紀輕
輕就獲准使用國王的圖書館。正當薩曼王朝開始土崩瓦解
之際，他離開了布哈拉，並且雲遊四方。他時常因其非正
統的宗教思想而遭到迫害，甚至被指控為無神論者，而這
種指控可能會被判死刑。他以行醫為生，有時在不同國王
的宮廷中，教授並寫作各種主題，從醫藥（超過四十本著
作）、到宇宙論、哲學（約有一百八十五種研究）、神學、
音樂與植物學。如同其同一時代的其他學者，他運用了希
臘羅馬的遺產（在當時已被譯為阿拉伯語），並加以系統
化、修訂且加上他自己的詮釋。伊本・西那相當注重實驗
以及獲取經驗知識，而非僅僅仰賴理論或傳統。他的《醫
典》（al-Qânûn fî at-Tibb）被譯為拉丁文與其他語言，而
且在歐洲廣為使用。

　　薩曼王朝在傳布伊斯蘭教的角色上也不可小覷。如今
已成為中亞都市主要信仰的伊斯蘭教也擴張到草原。薩曼
[68]　王朝發展了伊斯蘭學校（madrasa），也許是基於佛教的模
式。另外還發展了官僚組織與統治傳統，後來伊斯蘭化的
突厥民族將這些組織與傳統帶入近東。理論上，薩曼王朝

的異密至高無上。其首席大臣監理政府，而政府則由掌理
財政、對外事務、國內安全與其他事務的內廷與部院所構
成。部院與內廷之間的界線常常是模糊的。與此相似的是，
異密的權力隨著時間地點不同也有所差異。薩曼王朝為東
部伊斯蘭世界的重要一員，也是粟特貿易城市之重商傳統
的後裔以及橫跨大陸商貿的主要參與者。薩曼王朝的錢幣　[69]
（或其模仿物）在俄國與斯堪的納維亞已有大量出土，佐
證了其商業重要性的範圍。

伊斯蘭作家將中亞的穆斯林邊疆描繪為一個不停進行
「吉哈德」（*Jihâd*，為信仰而戰）的地區，而薩曼王朝則
急於將其征服表述為「伊斯蘭之境」（*Dâr al-Islâm*）的
擴張。突厥改信者也想要透過攻打他們的異教親族以展示
他們對新信仰的熱情。雖然這類的征服有些導致了當地統
治者與其部下的改宗，但最終僅靠刀劍尚不足以將此宗教
帶入草原民族。政治上的好處，加上無名的傳教士也起了
作用。這些傳教士常常是商人，以及後來被稱為「蘇非」
（*Sûfî*）的穆斯林神秘主義者，他們尋求與神在狂喜中完
成精神上的合一。[6]「蘇非」這個詞源自於阿拉伯語的羊毛

（*sûf*，素夫），指的是這個運動的早期信徒身上所穿的羊毛衣。在波斯語當中，他們則被稱為窮人（*darvîsh*，迭里威失），在英語中則拼寫為 dervish（托缽僧）。原先只是一群個人的運動，隨後蘇非派演變為教團或宗教性的兄弟會。正統的穆斯林對他們懷有疑慮。穆斯林商人，接著是神秘主義者，冒險進入了草原，與遊牧民領袖建立了商業接觸與互惠的款待模式。商業與社會紐帶安靜地擴張為一種共同宗教交流。

有些後來的蘇非具有卡里斯瑪魅力、多彩多姿且古怪反常，在許多方面都與突厥人的薩滿相似。他們通常身著異國古怪的服裝；有的則將全身鬚毛剃去，並且僅僅穿戴獸角與腰布。如同薩滿一般，人們相信蘇非可以變成動物、治病，且具有占卜未來的能力。突厥人早已熟悉各式各樣的宗教（佛教、祆教、基督教、猶太教與摩尼教），輕而易舉地接受了這種民間伊斯蘭教與神秘主義的混合。例如，伊斯蘭教中的天堂與地獄概念用的是已經存在於突厥語當中的概念，雖然不出意料之外，這些是借自粟特語的概念。將突厥語中的「騰格里」與猶太教－基督教－伊斯蘭教中

的「神」融合在一起，並不是件困難的過度引申。

　　無論是透過征服、商業或神祕主義者，伊斯蘭教首先都是從波斯語世界傳入突厥人的。穆斯林過去（現在依然）分裂為二：一為少數的什葉派（Shi'ites），他們相信哈里發應該由阿里（'Alî）的後裔來繼承。阿里為先知穆罕默德的堂弟和女婿，並且為其唯一孫子之父；另一則為多數的遜尼派（Sunnîs），他們相信哈里發國沒必要僅限由阿里家族繼承，而應由先知所屬的古萊什（Quraysh）部族中挑出 [70] 一適合的人選來承繼。進入草原的伊斯蘭教基本上屬遜尼派，但是在不同程度上與地方習慣混合，而這些習慣與早期的薩滿信仰和其他習俗無法完全區分開來，例如祖先崇拜或使用舞蹈與誦咒以造成狂喜的入神狀態，後者也是薩滿進入神靈世界的方式。如同前述關於新信仰的履行之例，宗教正統的履行需要數個世代才能完成，且常常並不依循一定的規則。

　　最靠近中亞穆斯林城市的突厥遊牧民也最早進入廣泛的伊斯蘭勢力範圍。伏爾加河流域的不里阿兒人不滿於屈

居可薩人的統治之下，而且與花剌子模和薩曼王朝有著緊密的商業紐帶。政治與經濟上的考量使他們轉而接受伊斯蘭。其國王改信了伊斯蘭教，並於 921 年要求阿拔斯王朝派遣代表團在其領地內建立伊斯蘭教的機構。根據十三世紀的阿拉伯史學家伊本・艾西爾（Ibn al-Athîr）記載，960 年「有二十萬帳的突厥人改宗」。[7] 這個數字的正確性無法被核實。但是，有大批突厥遊牧民集團皈依伊斯蘭教這點當毋庸置疑。這也許跟薩圖克・博格拉汗（Satuq Bughra Khan）的改宗有所關聯。他是喀喇汗王朝（Qarakhanid dynasty，992–1212 年）的始祖，其國土囊括了東西突厥斯坦的大部分。當「汗」或領袖改宗以後，其屬下的部落民通常會隨之改宗。十世紀標誌了突厥人所屬中亞西部之伊斯蘭化的轉捩點。儘管有大規模的改宗，薩滿信仰與其他元素依舊存在。這些包括了偶像崇拜，這也是在穆斯林信仰中最嚴重的罪行之一。這種綜攝（syncretism）在改宗過程中相當典型。伊斯蘭教法律學家並不將那些把同時保持新舊信仰的人視為真正的穆斯林，而且認為在戰爭中俘虜這些人是合法的。

　　喀喇汗王朝的起源不明，它統治了一大群突厥部落的混合，並且於 1005 年摧毀了最後的薩曼王朝。喀喇汗王朝作為遜尼派穆斯林，當他們進入薩曼王朝的城市時，並未遭遇大規模抵抗。伊卜拉欣‧桃花石‧博格拉汗（Ibrahim Tamghach Bughra Khan）是西部喀喇汗王朝的創建者，以其嚴厲卻公正的統治還有它所提供的安定所聞名。當盜賊在其位於撒馬爾罕的堡壘大門上挑釁寫下「我等就像洋蔥一般，你越切，我們越生長」時，伊卜拉欣在其留言底下回覆道：「我就像園丁一樣站在這裡；無論你們長了多少，我都會把你們連根拔起。」[8]

　　喀喇汗王朝的皇室維持了突厥政治傳統，將國家視為皇室家族的集體財產，而且在 1043 年左右將其一分為二，東西兩半各有一個可汗統治，以及許多在繼承順位上等著輪到他們的小可汗。其國土更進一步被領地的授予所分割 [71]（這些劃分常常定義不明），由王朝的成員所治理，而且進一步劃分給家臣諸侯。考慮到資料的缺乏，學者仍舊對於喀喇汗王朝如何運作的問題爭辯不休。貴族仍然過著遊牧或半遊牧生活。許多人領有「伊克塔」（*iqta‘*），這是

一種基於土地的稅收補助，發放以作為國服務的回報，某種程度上類似於歐洲的采邑（fief）。這套系統無疑一直以來就遭到濫用，並且造成了喀喇汗王朝的統治者與部落貴族間的分離傾向。

當地經濟自薩曼王朝以來就沒有發生過本質上的改變。考古學者已經發現了喀喇汗王朝治下的大批都市發展證據，特別是在塔拉斯（Talas）河谷地與楚河（Chu）谷地等河谷，當地的居民從事農業、葡萄栽培業、手工製造業與貿易。部分地區有大規模的灌溉系統。在塔拉茲（Taraz）地區的東北部，有條運河延伸至約 100 公里（62 哩）長。訛答剌綠洲（Otrar oasis）則是溝渠、水堤以及送水系統交錯。中亞河中地區與費爾干納則持續其高度發展之定居生活的古代傳統。沒有證據顯示喀喇汗王朝有意將農田轉為草場使用。

但是，其統治對舊有的農村秩序要素產生了負面影響。德赫坎（*dihqân*）失去了其高尚的社會地位，且德赫坎這個詞後來指稱都市工匠與自由農民。在現代塔吉克語中，德

赫坎意指「小農」。屬民以生產、勞動，或兩者兼有的形式來繳稅。有些小農負債累累，失去了土地，被迫淪為佃農。他們繳納其收成的三分之一給政府，另外三分之一給地主，只能自己留下三分之一。至於那些完全破產的人則常常會將自己或其家人賣身為奴。在遊牧社會中享有相對人身自由的女人，在控制伊朗－伊斯蘭定居世界的喀喇汗王朝中，則大多在其家中遭到隔離，而且只有在蒙上面紗與有人陪伴的情況下才能外出。關於這個時代的稀少資料表明這是個充滿農村與都市動亂的時期。

十世紀晚期出現了另一個突厥－伊斯蘭國家。961年，一位有權勢的薩曼王朝突厥奴隸將軍阿爾普特勤（Alp Tigin）在今日阿富汗東部的哥疾寧（Ghazni）†自立‡，他名義上是為薩曼王朝治理該城。其後繼者之一蘇布克特勤（Sebük Tigin）則將哥疾寧變成獨立國家，並且建立了哥疾寧王朝（Ghaznavid dynasty，977–1186 年）。蘇布克特

† 【譯註】也譯為伽色尼。
‡ 【譯註】原書將哥疾寧誤作阿富汗南部城市。

勤與其子馬哈茂德（Mahmûd）將伊朗東部、阿富汗與印度北部納入其統治之下，不過在阿姆河與喀喇汗王朝的邊界並不穩定。哥疾寧王朝搶掠了信奉印度教的印度，帶回了大量的財寶與戰象。歷史學家烏特比（al-'Utbî）描述蘇布克特勤的軍隊擁有二百頭戰象，被鎖鏈綁在一起，並且「都配以燦爛奪目的飾品以及無可比擬的屋舍」。在這些戰象後面則是一支大軍「猶如蝗蟲或螞蟻般聚集在一起，不計其數，而且如沙漠中的沙子一般無法衡量」。[9] 哥疾寧王朝的軍隊是第一支使用大象作為其戰鬥策略之必要部分的穆斯林軍隊。[10] 這部軍事機器則是由一個有著伊朗和印度屬民，由一批大多數為伊朗人的官僚以及突厥軍事菁英所統治的複合國家，這也成為未來許多政權的原型。

哥疾寧王朝，如同薩曼王朝，也支持波斯藝術，特別是詩歌。許多詩人群集在馬哈茂德的宮廷中。其中最有名的無疑是菲爾多西（Firdowsî），也是《列王紀》（*Shâhnâma*）的作者，《列王紀》是一部基於古代伊朗的口傳與書面故事寫成的波斯民族史詩。比魯尼在薩曼王朝行將崩潰以前從花剌子模來到了哥疾寧，並且最後也得到了哥疾寧王朝

[72]

的支持。他跟隨馬哈茂德之四處搶掠的軍隊一起來到了印
度，學會了一點梵文，並且成為伊斯蘭世界中最早關於印
度次大陸之複雜文化的專家之一。

　　當鄰國都在支持與提供新興伊朗－穆斯林文化一個友
善家園時，喀喇汗王朝則在突厥－伊斯蘭文化的新生上起
了具有開創性的作用。在其統治下，出現了以突厥語寫作
而具有伊斯蘭導向的原創作品。仿效「君王寶鑑」文學（一
種在伊朗世界內外流行的古老題材）所作的《福樂智慧》
（*Qutadhghu Bilig*）於 1069 年寫成，是一部喀喇汗王朝政
治論文，以君主及其謀臣之間的對話體來表現。他們要君
王對眾人無分貴賤，行仁義、發慈悲，且處事公平。他們
推崇智囊與頭腦冷靜勝過臂力，並且宣稱「真正的尊貴屬
於擁有智慧與智識的人」。[11]

　　該書作者尤素福・哈斯・哈吉甫（Yûsuf Khâss Hâjib）
來自於東喀喇汗王朝的首都八剌沙袞（Balasaghun），他勸
誡道，氣急敗壞所做的事將會帶來厄運，如同未經煮熟的
食物一般。刑罰應該在深思熟慮後才施行。睿智的君主「將

其國家妥善管理，使其平民富裕，而他的回報則是以他們的財富作為其堡壘」。[12] 尤素福又再說道：「世界的征服者需要有一千種美德……有了這些美德，世界的統治者將能撥雲散霧，掌握國家；他揮舞著寶劍並砍斷敵人的頸項；他以法律與正義治理其領地與人民。」[13] 尤素福也注意到[73] 其王室聽眾的遊牧背景。在稱揚醫師的技藝時，雖然他是個穆斯林，但他建議除了醫生所開的藥之外，也應該使用薩滿的護身符和咒語。

才華洋溢的詞典編纂者麻赫穆德·喀什噶里以阿拉伯文編了《突厥語大詞典》（*Dîwân Lughât at-Turk*，約作於1077 年），這部詞典是編給識字的穆斯林大眾。他試圖給其讀者一個關於突厥文化較為全面的瞭解，而突厥人在當時已經成為中東主要的軍事與政治力量。《突厥語大詞典》是一部富含各種資料的寶藏。許多詞條都有詩歌與故事做為例子，而這些都反映了那個時代的突厥文化。這些詩歌讚頌了突厥人的武功，特別是他們對其信奉佛教與其他非伊斯蘭教的突厥親族所取得的勝利以及對其偶像的侮辱。這些詞彙條目描述了日常生活的所有方面：衣著，例如：

在寒冷的草原上會需要的 *ichük*（一種貂皮大衣）、家具，如 *kimishge*（一種產自喀什噶爾的繡花毛皮毯子），或是職業，如 *bista*（為商人行旅提供過夜住宿與看守貨物服務的人）。[14]

喀喇汗王朝的君主無法避免與烏理瑪（*ulama*，即伊斯蘭教的宗教權威人士）的衝突，特別在布哈拉。在喀喇汗王朝晚期，城市大多變得更為獨立，並且處於穆斯林神職人員布林汗（Bûrhan）家族的控制下，他們並擁有「世界之柱」的尊稱。其對手則譴責他們所擁有的巨大政經權力，並稱之為「地獄之柱」。† 也許是由於喀喇汗王朝和以城市為基礎的穆斯林學者時有摩擦（他們甚至指控前者為異端），加上城市中的騷亂，他們花費了相當大量的金額在公共建築上，範圍從清真寺到澡堂。考古發現指出他們的城市就中世紀的衛生標準而言保持得很好，有廢棄物與汙水處理區，其形式則為加蓋的深坑。絲綢之路的進一步發展也許是喀喇汗王朝治下城市的都市發展的因素之一。

---

† 【譯註】此稱呼實為雙關語：「世界」（*jahān*）／「地獄」（*jahannam*）。

當城市與貿易在十一與十二世紀似乎已經得到擴張的時候，有證據顯示薩曼王朝與喀喇汗王朝所發行的銀幣品質降低。歷史學者針對這個「白銀危機」的成因與程度爭論不休。

在喀喇汗王朝時期，突厥遊牧民以史無前例的規模大舉進入了農業地區。當地人在語言上越來越多地被突厥化。突厥語則作為語言不同的人群之間交流的語言。然而，人類學家提到這種改變一開始是語言上的而非族群上的。先[74] 到的人們保持不變，但是如今使用突厥語而非他們原先的語言。比較貧苦的突厥人也開始定居下來。其他的則視各地情況，變成半遊牧，農業與放牧牲畜兩者並行。

突厥人改宗伊斯蘭教在伊斯蘭教的腹地也產生了反響。塞爾柱人（Seljuks）於十一世紀時成為大半中東地區的主人，他們源自於塞爾柱（Seljük），為烏古斯聯盟的克尼克部族（Qïnïq tribe）之戰爭首領。約於 985 年，他與其主人決裂，遷居於錫爾河流域之氈的（Jand），並且改信伊斯蘭教。在史料中他的兒子們全部都有《舊約聖經》的名字，只不過是以阿拉伯文的形式出現：米哈伊爾（Mikâ'îl，米

160

迦勒〔Michael〕）、伊斯賴爾（Isrâ'îl，以色列〔Israel〕）、
穆薩（Mûsâ，摩西〔Moses〕）、羽奴思（Yûnus，約拿
〔Jonah〕）。在甗的，塞爾柱及其子攻打其異教親族。他
的後代參與了喀喇汗王朝與哥疾寧王朝之間的鬥爭，並且
遊移兩端。草原上的紛擾越來越嚴重。來自蒙古－滿洲邊
境的部落受到饑荒與政治混亂的影響而被趕往西方。這也
引發了骨牌效應。

　　這個廣泛的騷亂影響了塞爾柱的孫子脫斡鄰勒
（Toghrul）與冊割（Chaghrï），他們於 1034 年從錫爾河
流域逃到呼羅珊（今天的伊朗東部與阿富汗西部）。出於
飢餓與絕望，他們搶掠了他們所能到達之處。他們在這個
哥疾寧王朝稅收來源的省分所造成的動亂迫使馬哈茂德之
子與其後繼者馬蘇德（Mas'ûd，1031 至 1041 年在位）率
領大軍（包括印度戰象）以確保該地區的安全。1040 年 5
月，馬蘇德的軍隊在疲於西向的急行軍後，最終與塞爾柱
匪幫遭遇。脫斡鄰勒與冊割聯合其他烏古斯匪幫，出人意
料地在丹丹納干（Dandânqân）擊敗了人數占優勢的敵軍。
這次失敗嚴重削弱了哥疾寧王朝，並且僅僅治理印度與阿

富汗邊境的小國。

　　到了 1042 年，塞爾柱人已成為一個帝國的主人，囊括
了花剌子模、伊朗東部與中部，並且進逼南高加索地區。
1055 年，阿拔斯王朝邀請他們來巴格達，以便將哈里發從
什葉派的白益王朝（Buyids）中解放出來。藉此，塞爾柱
人成為遜尼派伊斯蘭世界的主宰力量。1071 年，冊割之子
阿爾普‧阿爾斯蘭蘇丹（Sultan Alp Arslan）在位於安那托
利亞（Anatolia）東部的曼齊刻爾特（Manzikert）擊敗了
拜占庭帝國，因而突厥部族大量湧入拜占庭所屬的安那托
利亞，並且為塞爾柱魯姆蘇丹國（Sultanate of Rûm）奠立
了基礎（魯姆即羅馬，此指東羅馬／拜占庭帝國），而且
後來阿爾普‧阿爾斯蘭之子馬立克沙赫（Melikshâh）更將
喀喇汗王朝納入塞爾柱人的統治之下。[†]

[75]　　　烏古斯（Oghuz）突厥人的浪潮流入了伊朗西北部與
南高加索東部，造成了現代伊朗與亞塞拜然的阿塞突厥人

† 【譯註】原書將馬立克沙赫誤植為鄂圖曼帝國人。

（Azeri Turks）。其他的烏古斯人群（即今日的土庫曼人）
占據了伊朗東北部。烏古斯人散布於安那托利亞的大部分，
將突厥形式的伊斯蘭教逐漸傳入一直以來信奉基督教的小
亞細亞。對突厥語的採用甚至比改宗伊斯蘭教的速度還快。
部分使用希臘與亞美尼亞語的人口仍舊保有基督教信仰，
但是採用了突厥語。突厥人不僅採納了伊斯蘭教，並且還
成為它在伊斯蘭腹地與中亞的擁護者。

第六章

蒙古旋風

THE MONGOL WHIRLWIND

[76]　　　十三世紀初，有四個國家統治著中亞，但其統治都不穩固。花剌子模沙赫（Khwârazmshâhs）統治著一個新近拼湊起來的國家，控制了中亞河中地區與鄰接的中東地區。他們原先是塞爾柱人的屬臣，後來在十二世紀後期自立。1194 年，花剌子模的軍隊將統治伊拉克與伊朗之塞爾柱末代君主脫斡鄰勒三世（Toghrul III）的頭顱獻給花剌子模沙赫塔乞失（Tekish）。塔乞失之子摩訶末（Muhammad）為中亞河中大部分地區、伊朗東部與中部之君主，而且覬覦巴格達的哈里發大位與其鄰國，但其大半權力實為幻象。花剌子模是個不穩定的混合物：由職業突厥軍人、躁動且與花剌子模有通婚關係的欽察部落，以及定居伊朗－花剌子模人所構成。

　　　在東邊則是日漸衰微的喀喇汗王朝，它處於衰弱中的哈剌契丹（Qara Khitai，亦作 Qara Qitan）†保護之下，哈剌契丹為東西突厥斯坦名義上的君主。‡作為新來者，他們

†　【譯註】也譯為喀喇契丹。
‡　【譯註】中國稱之為西遼。

是從 1124 至 1125 年間女真人對契丹遼朝的破壞中逃脫出來的。在其「菊兒汗」（Gür Khan，意為普世大汗）耶律大石（也是契丹皇族）的領導下，遼國的難民在中亞建立了新的國家。在中亞河中地區的突厥－伊朗穆斯林之上則被強加了薩滿教信徒、佛教徒、景教徒，還有使用蒙古語及漢語的哈剌契丹。他們的宗教寬容、相對寬鬆的治理體系以及顯赫的內亞與中國皇族血統，讓他們得以被其穆斯林屬民所接受。哈剌契丹並沒有感受到需要改信伊斯蘭教的壓力。因此一直到耶律大石的孫子耶律直魯古長期在位時期，其統治都很成功，但是到了十三世紀初期，衰弱的徵兆已經很明顯了。[1]

金朝（1115–1234 年）則以華北與滿洲為中心，源自女真人，他們是居住在滿洲的獵人與漁夫，也從事農耕與畜牧。他們原先是遼國的屬民，後來搖身一變成為其主人，並且控制了草原的東部邊緣，而當地的居民則稱金朝皇帝為「阿勒坦汗」（Altan Khan，意為「黃金大汗」，而金在中文裡意為黃金。金朝在控制不安的蒙古部族上遭遇到困 [77]

難。[†]他們長期監視蒙古部落，試圖透過促成內部鬥爭以便讓蒙古人失去平衡。而蒙古人則席捲了他們所有人。

蒙古人是十二世紀晚期居住在蒙古與其接壤地區的許多部族聯盟其中之一。其中一部分是草原遊牧民，另一部分則居住在森林裡以漁獵為生。有些則橫跨這兩個世界。蒙古人以世系群和氏族為組織單位，居住地以鄂嫩河（Onan）與克魯倫河（Kerülen）為中心。歷史學家志費尼（'Atâ Malik Juvainî）來自於一個伊朗東部的家族，其家族原先效力於花剌子模沙赫，但後來在蒙古人帳下供職。他描述蒙古人在成吉思汗崛起以前缺乏領袖，鬆散分裂，並且長期彼此攻戰。「他們有些人把搶劫、暴行、淫猥和酒色看成豪勇和高尚的行為。」他們穿著「狗皮與鼠皮」，吃的是這些動物的肉和「其他死去的東西」以及馬奶子。他們之中的大人物則是擁有鐵製馬鐙的人。這就是他們的「奢侈品」。[2]而金朝則對他們予取予求。

[†] 【譯註】金與蒙古語「阿勒坦」之意相同。

在蒙古人的北邊則是在政治上分裂的乃蠻部
（Naiman），其分布延伸到西伯利亞的額爾濟斯河（Irtysh
River）。在畏兀兒人的影響下，景教在乃蠻部的傳布取得
了一些進展。蒙古人的南邊則是塔塔兒部（Tatars），與蒙
古人為世仇——此為金朝煽動的敵意。而有政治野心的克
烈部（Kereits，蒙文作 Kereyid），由脫斡鄰勒（To'oril）
所領導，位於蒙古人西邊的鄂爾渾河與色楞格河流域，與
蒙古人保持友好關係。他們當中有些人是景教徒。較不友
善的是蔑兒乞部（Merkit 或 Mergid），位於色楞格河下
游，與貝加爾湖地區南端。在其北方與西方則是斡亦剌惕
（Oirats，或作 Oyirad）‡ 與其他使用蒙古語的森林居民。

塔塔兒部常常作為金朝的代理人，在政治上有主宰地
位，而且其名稱經常被用來指稱前述所有的民族。蒙古人
的一統始於海都（Qaidu），時間約為十一世紀末至十二世
紀。據十三世紀的佚名蒙文作品《蒙古秘史》記載，海都
的孫子合不勒（Qabul）「統管眾達達百姓」³，並且成為

‡ 【譯註】即後來明代的瓦剌，清代的衛拉特。

其首個可汗。在金朝使其順服的企圖失敗後，他們邀請合
不勒汗參加一場宴席。由於擔心食物被下毒，他偷偷地把
所有吃下肚的食物吐出來。金朝對此感到驚訝，後來則對
他捋了金朝皇帝鬍鬚的冒犯行為感到震怒。⁴ 在金朝協助塔
塔兒人俘虜合不勒汗的繼位者俺巴孩汗（Ambaghai Khan）
後，雙方關係變得更差。其死法相當可怕，他約於 1160 年
被釘死在某種虐待的刑具上。後續蒙古人與塔塔兒人的鬥
爭大致上並不成功，而且蒙古人很快就將矛頭向內，彼此
攻戰。

[79]　　　成吉思汗就是誕生在這樣一個被衝突傾軋所折磨的世
界當中，時間約略在 1160 年代中期。蒙古傳統稱其出生時
「右手握著髀石般一塊血」，⁵ 這是將有大事要發生的預
兆。其家族宣稱起源自傳說中的阿蘭豁阿（Alan-Qo'a），
她是一個奇跡懷孕的寡婦，自謂在她所睡的帳房中「每夜
有黃白色人，自天窗門額明處入來，將我肚皮摩挲，他的
光明透入肚裡去時節，隨日月的光，恰似黃狗般爬出去
了」。⁶ 合不勒汗則是阿蘭豁阿的第六代後人。其孫為也
速該（Yisügei），他以他所殺的塔塔兒敵人之名鐵木真

（Temüjin，意為鐵匠）來為其子命名。鐵木真即後來的
成吉思汗，他的出身家族具有顯赫的社會政治地位。九歲
時，他與一名十歲、出身弘吉剌部（Qonggirad）的孛兒帖
（Börte）訂親，並且按照蒙古習俗被留在其未來的親家家
中。也速該警告道，他的兒子怕狗，並且要求其親家多加
小心這點，而這個怕狗的小孩成年後將被尊稱為「世界的
征服者」。

在1175年也速該被意圖復仇的塔塔兒人毒死後，其
他氏族背離了他的家人。鐵木真也返回他家。其母訶額侖
（Hö'elün）以「山楂子、稠李、……野蒜與……野蔥」養
育他們，並且責備他們之間的爭端，表示「我們除了影子
外無伴當」。[7] 這位未來的君主有個一貧如洗但充滿冒險的
青年時代，憑著他的機智存活下來 —— 並且常常淪為盜匪
和馬賊。在年輕時，他跟他的弟弟合撒兒（Qasar）在一次
為捕獲獵物的爭端中，冷酷地殺死了他們同父異母的哥哥
別克帖兒（Bekter）。

鐵木真在作為一個軍閥與靈活的政客上所得到的成功，

為他帶來了一群有雄心壯志的年輕追隨者。這些「伴當」
（*nökür*，意為好友）捐棄了他們對氏族與部族的忠誠，
組成了鐵木真軍事隨從的核心，並且為蒙古帝國提供了未
來的將軍和管理者。鐵木真與其父的前「安答」（*anda*，
結拜兄弟，一種在蒙古社會中相當重要的關係）克烈部的
領袖脫斡鄰勒結盟，而此舉提升了他作為有著大好前途
之青年的能見度。1184 年，鐵木真及其「安答」札木合
（Jamuqa）與克烈部聯手取得了對蔑兒乞人的重要勝利，
後者綁架了鐵木真的妻子孛兒帖。而這場勝利也為鐵木真
贏得了更多的追隨者。到了 1189 年，部分蒙古派系尊他為
汗。1196 年，他與克烈部和金朝聯手擊敗了塔塔兒人，後
者既是金朝先前的盟友也是他的舊敵。金朝仍舊想要故技
重施，企圖引起蒙古部落內部的對立，並賜脫斡鄰勒以「王
汗」（*Ong Khan*）的尊號。1202 年，鐵木真殲滅了塔塔
兒人，經他同意留下的倖存者則成為其奴隸。後來他又消
滅了其「安答」札木合與脫斡鄰勒。鐵木真珍視忠誠，但
他會把擋在他通往霸權路上的人清理掉。1206 年召開的忽
里勒台（*quriltai*，意為大會）推選鐵木真為「成吉思汗」

[81]

（*Chinggis Khan*），此尊號可能意為「普世的皇帝」。[†]

　　這個統一東部草原的蒙古人與其他遊牧民的驅力是一種對於金朝操弄蒙古地方政治的反動，以及對外部世界的參與日漸增長。成吉思汗並非蒙古草原上唯一一個有稱帝野心的人。他只是更能夠利用其敵人的分裂而已。他也相當幸運，藉著運勢的有利轉變，而數次從其敵人的囚禁與陰謀中逃脫。他不僅承認他的好運，而且將其作為神明眷顧的跡象而大肆宣傳。如同在他以前的突厥人（Türks）並且採用了同樣的草原帝國傳統，成吉思汗與其後繼者都宣稱擁有天命。隨後，穆斯林視其為「上帝之鞭」（Scourge of God），而其宣傳者則樂於支持鼓勵這個念頭。

　　「蒙古」這個名字如今對於成吉思汗在蒙古所征服的不同民族而言，成為一個政治名稱而流傳普及。然而，在穆斯林國度與歐洲中，人們仍會稱其為「韃靼人」（Tatars）。甚至時至今日，「韃靼」這個名稱仍舊用來稱呼大多數有

† 【譯註】對此，學界有不同看法，參見本書譯後記。

突厥祖源，但屬於蒙古帝國之一部的民族。這個新興國家以蒙古境內舊有的突厥「聖地」為中心。這個選擇一點也不出人意表，因為這對於遊牧民而言就是一塊神聖的領土，即過去帝國的所在地。但即便成吉思汗與其後繼者利用了草原上類似的權力與主權象徵，例如占據「聖地」、使用可敬的帝王稱號（即汗與可汗），以及在境內頒布法典等，但是他們也摒棄了先前的模式。成吉思汗因為知道部族對其帝業可能會造成的不穩定，因此裂解了各個部族，並且要求人們效忠於他一人，以取代過去部族、氏族或家族紐帶。他也將人們按照十戶、百戶、千戶、萬戶（*tümen*）等熟悉的軍事單位來重新組織，但是將部族關係徹底剝離——而成為一支僅效忠於他與皇室的常備職業軍隊。

如果缺少持續獲利之可能性，遊牧勇士將會很快背離一個軍閥。為了留住追隨者，這位成功的建國者必須率領他們獲得更進一步的軍事成功——以及戰利品。成吉思汗準備了一齣征服大戲。西伯利亞的森林與森林草原交界的居民（吉利吉思〔Kyrgyz，即唐代的黠戛斯〕與斡亦剌惕）與位於戈壁的汪古部突厥人（Önggüt Turks）很快就臣服於

成吉思汗之下。唐兀惕人（Tanguts）[†] 於 1209 年成為其朝
貢國。同年，塔里木盆地的畏兀兒人君主巴而朮（Barchuq）
脫離了哈剌契丹的統治，並於 1211 年宣誓效忠成吉思汗，
而後者則將一名皇室公主賜予巴而朮，並視其為自己的「第
五子」。成吉思汗利用當時大多已經定居的畏兀兒人為其
官僚，他們是草原與定居世界之間有力的中間人。蒙古人
也採用了畏兀兒字母，如今在內蒙古仍然通行。

[82]

　　蒙古人對金朝的進攻始於 1211 年，而到了 1215 年他
們已經拿下其都城之一：中都（即今日的北京）。金朝持
續抵抗，而在滿洲的戰爭擴展到了高麗（Koryo），即高麗
王國，而平定高麗則花了五十五年才完成。然而，蒙古人
主要把注意力放在哈剌契丹與花剌子模控制的中亞地區。
屈出律（Güchülük）是一個乃蠻部的王子，於 1208 年被蒙
古人擊敗後逃到哈剌契丹請求庇護。在收撫了乃蠻與蔑兒
乞部逃人（也是成吉思汗的敵人）後，他利用花剌子模與
哈剌契丹之間的關係不和，佯作雙方的盟友而蛇鼠兩端。

---

† 【譯註】即西夏。

　　屈出律娶了菊兒汗直魯古的女兒「公主」（Qûnqû）；
她是個意志堅強的女人，並且對屈出律這個從乃蠻部來的
冒險家一見鍾情。直魯古很溺愛他的女兒，並且在三天後
答應了這門親事。這造成了致命的後果。藉由一次花剌子
模對哈剌契丹軍隊的勝利，屈出律抓住了直魯古，並且於
1211 年奪取了國家的控制權。他允許其岳父維持名義上的
君主身分，但他與其乃蠻同胞如今則擁有實權。[8] 當 1213
年直魯古過世後，屈出律則自立為菊兒汗。而當地的穆斯
林在面對要他們改信屈出律所喜愛的基督教或佛教的命令
時，則逐漸開始反抗。

　　蒙古旋風即將席捲西突厥斯坦。當花剌子模與蒙古交
換使節時，兩邊都在秘密刺探彼此的情報，成吉思汗決定
要消滅屈出律。他再度攻打蔑兒乞人，並且自 1216 年起至
1218 年間入侵哈剌契丹。屈出律被處死。蔑兒乞難民撤退
到欽察人的地方，但他們和乃蠻不再是軍事威脅。

　　當蒙古人在花剌子模的邊境施壓時，恐懼快速升高。
花剌子模沙赫摩訶末的欽察人親屬屠殺了一批蒙古商隊。

這場無意義挑釁的原因長久以來困擾著歷史學家，因為這是發生在蒙古使臣與其簽訂和平協議不久之後的事。後來，一個為受難者要求公道與賠償其貨物的蒙古代表團也同樣死於劍下。這場如今勢不可免的戰爭發生於 1219 年，而摩訶末的軍隊完全潰敗。他逃到一個位於裏海的島上，並躲藏在那裡直到老死。同時，布哈拉與撒馬爾罕與 1220 年陷落並遭到洗劫。三萬名工匠從撒馬爾罕被遣送給成吉思汗的兒子與其親戚作為戰利品。一名布哈拉的倖存者表示蒙古人「到來，他們破壞，他們焚燒，他們殺戮，他們搶劫，然後他們離去」。[9] 中亞如今落入蒙古之手。

伊朗東部隨後陷落，並且蒙古人以武力探查中亞河中 [83] 地區與西部草原。他們於 1223 年 5 月擊敗了欽察人，這也是草原上唯一還有辦法反抗的遊牧民，以及他們的盟友信奉東正教的羅斯人（Rus'，為俄羅斯、烏克蘭和白俄羅斯〔Belarus'〕的先祖核心）。在他們返回東方的路上，滿載戰利品的蒙古人從側面襲擊了伏爾加不里阿兒人。羅斯人被這場突如其來的攻擊所驚呆。教士們說這是神的懲罰。而對這個區域已了然於心的蒙古人將會復歸。成吉思汗的

長子朮赤（Jochi）則被委以這項任務。

　　成吉思汗如今轉向其鄰接邊界的未竟事務。他的大軍
於 1226 至 1227 年間降服了唐兀惕人，但是在作戰的過程
中，這位年老的征服者身體欠安。他於 1227 年 8 月過世。
他的長子朮赤則在前幾個月即已亡故。雖然成吉思汗屬意
其幼子拖雷（Tolui），但最後仍然跳過他與二子察合台
（Chaghadai），而選擇和藹厚道的三子窩闊台（Ögödei）
為繼承人。1229 年的忽里勒台重新確認了其決定。雖然窩
闊台以其公正、智慧與明斷等品性著稱，但卻嗜酒如命。
在保持幼子繼灶的遊牧傳統下，作為「斡赤斤」（odchigin，
意為繼灶王子）的拖雷得到了其父的祖傳土地、個人所有
物與最大份額的軍隊，約十萬一千人。成吉思汗的所有兒
子對此一致同意。[10]

　　原則上，大汗（Great Qaghan）為群龍之首。每個兄
弟都獲得一個「兀魯思」（ulus，字面意義為「民族、國家、
人民」），實際上是一個更大的且仍然統一的「大蒙古國」
（Yeke Mongghol Ulus）當中的一個國家與軍事力量。最初

各個兀魯思的邊界的定義並不總是清晰明瞭的，而且其總和也不等於所有被征服的領地。[11] 在遵循遊牧傳統下，長子獲得的是其父最遙遠的持有地。以拔都（Batu）與斡兒答（Orda）為首的朮赤眾子領有西部邊疆：即欽察草原（有部分仍待征服）、西伯利亞西部，及其周邊地區，加上任何蒙古在西邊所能占領的土地。拔都定都於薩萊（Saray），靠近伏爾加河下游，現今的阿斯特拉罕（Astrakhan）之地。察合台是個惹人惱怒且一絲不苟的「札撒」（*Yasa*）遵循者，「札撒」為成吉思汗所奠立的法典。他最先是獲得了過去哈剌契丹的大部分領土，最終則領有東、西突厥斯坦的大部分土地。窩闊台最早是獲得了準噶爾地區（Jungaria，今新疆北部）、西伯利亞南部，以及延伸至額爾濟斯河流域的土地。後來他又擁有了蒙古中部，他於 1235 年在當地建立了帝國的首都哈剌和林（Qaraqorum）。

1229 年與 1235 年的忽里勒台針對未來的征服進行了詳細計畫。到了 1241 年，蒙古人已經征服了欽察人與羅斯諸公國（Rus' principalities）。征服欽察草原使得大批突厥遊牧民被納入成吉思汗家族的統治之下。他們成為橫掃歐 [84]

亞的「蒙古」或「韃靼」軍隊的大多數成員。蒙古也取得
了差不多是所有中亞的馬力,大約是全世界一半的馬匹。[12]
這賦予了他們極大的軍事優勢。嚴酷的氣候條件也導致了
蒙古的成功。1220 與 1230 年代自北亞延伸至俄羅斯的異常
寒冷時期、暴雨、冰雹與強風(也許是受到火山爆發所促
使),也許對穀物造成巨大破壞並且損害了地方經濟。

1241 年的蒙古入侵將波蘭與匈牙利短暫納入成吉思
汗家族的統治之下。由西里西亞公爵「虔誠者」亨利二世
(Duke Henry the Pious of Silesia)所率領的一支由波蘭與
條頓騎士團組成之約兩萬人的混合軍隊,於 4 月 9 日被蒙
古人所擊敗。勝利者所收集的耳朵裝滿了九口麻袋,而亨
利二世的頭顱則被插在矛頭上示眾。窩闊台之死(也許是
因為酗酒)以及哈剌和林的政治緊張使其鞏固其西陲的征
服事業被迫中斷。蒙古人撤退;波蘭與匈牙利同時鬆了一
口氣。

在中東的行動則始於 1230 年。蒙古人橫掃了伊朗
與南高加索。亞美尼亞史家乞剌可思・剛扎克(Kirakos

Gandzakets'i）將蒙古類比為「蝗蟲一般的雲……整個國家充滿了屍體，而且沒有人能埋葬他們」。[13] 1243 年，小亞細亞的塞爾柱人在位於土耳其東北部的科塞達格之役（Battle of Köse Dağ）中屈服。伊朗與小亞細亞如今大部分都已落入蒙古人控制。在蒙哥（Möngke）統治下的拖雷系持續擴張。而蒙哥則是在成吉思汗家族的內部權力鬥爭中取代了窩闊台系成為大汗。1253 年，蒙哥派其弟旭烈兀（Hülegü）前往中東完成了成吉思汗家族對當地的征服。阿拔斯王朝於 1258 年覆滅。根據旭烈兀自己的估計，在巴格達有大約二十萬人喪命。由於銘記著不可讓王室成員的血曝灑在地上的古老草原傳統，因此蒙古人將末代哈里發穆斯塔欣（al-Musta'sim）包在布袋裡踩踏至死。[14]

蒙哥之死，以及隨後其兄弟忽必烈（Qubilai）與阿里不哥（Ariq Böke）之間的權力鬥爭使旭烈兀暫停了進一步的推進。他帶著大批軍隊轉向東行，留下剩餘的軍隊以進兵對抗馬木留克（Mamlûks）。馬木留克人大多是有欽察血統的奴隸兵，並且於 1250 年掌握了埃及與敘利亞的大權。馬木留克人在加利利（Galilee）擊敗了入侵的蒙古軍隊，

標誌了蒙古在近東進軍的結束。伊朗、伊拉克以及小亞細亞都落入蒙古之手。而在敘利亞所建立的邊界並不穩定。

[85] 一位阿拉伯評論家阿布・沙瑪（Abu Shâma）在談到這個事件時，挖苦地說道：「天生萬物，一物剋一物。」[15] 只有同為中亞人的馬木留克人能夠阻擋蒙古人。

在東亞，忽必烈作為蒙哥的弟弟以及大汗的繼承人，在今天的北京建立了新首都（中文：大都，蒙文：Daidu，突厥文：Khan Baliq〔汗八里，意為大汗之城〕），採用了中國式的朝代名稱「元」，並且於 1279 年完成了對中國的征服。忽必烈也從高麗對日本發起進攻，而高麗本身則是於 1270 年被蒙古所降服。但是 1274 與 1281 年的兩次海外遠征軍都被颱風的風暴所摧毀，因而日本人稱該颱風為「神風」（Kamikaze）。

距離加上分歧之家族與地方利益的發展對蒙古的統一造成了持續擴大的裂縫。朮赤有十四個兒子，察合台八個，窩闊台七個，拖雷十個。而之後的世代也同樣多產。每個人都期望得到自己的那一份財產。成吉思汗「黃金家族」

（*altan urugh*）中的緊張急遽竄升。蒙哥曾經迫害許多窩闊台系與察合台系的成員，指控他們陰謀奪權。雖然尤赤系的拔都協助策劃將權力轉移給蒙哥，但隨著拔都系與旭烈兀系爭奪南高加索，尤赤系與拖雷系的聯盟也於 1260 年代初期崩解。尤赤系和馬木留克人（當中大多數是來自尤赤系治下的欽察人）達成協議，對抗他們在伊朗的親族。

雖然拖雷系成員彼此間也互相攻伐，但忽必烈的不變對手其實是窩闊台系的海都（Qaidu），他被形容為蒙古傳統的支持者。海都試圖重建其家族的兀魯思，但不是要復興窩闊台系的大汗國。對忽必烈而言，他從未成為致命的危險。從其位於哈薩克南部的根據地，海都利用了成吉思汗家族內部的對立，與西元 1270 年代初期控制了突厥斯坦大部，並於 1281 年與察合台系聯手，這個聯盟延續了二十年之久。他所控制的領地從烏滸河到阿爾泰山（Altay Mountains）。他過世後，其國家在內部傾軋中瓦解，而其合作者察合台系諸汗則將其併吞。吾人對海都個人所知甚少，除了知道他十分機敏，而且對他個人的喜好相當節制，這點和他的親族不同，同時避免飲酒（其父死於酗酒）。

他的鬍鬚中有九根灰鬚。其女兒之一忽禿倫（Qutulun）是
位令人欽佩的鬥士，並且跟隨其父衝鋒陷陣。其父給予她
自行選擇婚配對象的權利。忽禿倫堅持只有在比武中勝過
她的男人才能當她的丈夫。她長期保持獨身，直到後來有
小道消息暗示她與其父有過度親密的關係，她的態度才軟
化下來。[16]

[86]　　汗位與領土爭端所造成的漣漪效應橫跨整個帝國，並
造成了國家的分裂。不同成吉思汗系的汗國逐漸成形：朮
赤兀魯思[†]、察合台兀魯思[‡]，還有中國與東部草原的元朝。
而旭烈兀及其後裔以伊朗為中心，稱「伊利汗」（*ilkhân*，
意為從屬國的君主），表示其地位較不顯赫。但實際上，
伊利汗國（ilkhânate，1256–1335 年）[§]是同等的兀魯思。

　　到了十三世紀後期，蒙古帝國從韓國、中國與滿洲延
伸到烏克蘭與俄羅斯。其勢力範圍包括了巴爾幹半島與拜

---

† 　【譯註】即金帳汗國，或稱欽察汗國。
‡ 　【譯註】即察合台汗國。
§ 　【譯註】舊譯為伊兒汗國。

占庭帝國。伊朗、伊拉克與南高加索形塑了南端的邊區。
在所有地方，他們所面對的敵人都是弱小而分裂的。城市
遭到摧毀與劫掠，人口遭到屠殺或被帶走。當征服結束後，
蒙古人在地方與國際謀士的協助下，開始重建。至於宗教，
蒙古人則會妥善對待。雖然蒙古人的宗教寬容有時遭到誇
大，但是這些不同神職人員的主要義務就是為大汗的健康
與福祉祈禱，大汗歡迎任何來源的神靈支持。此外，容忍
對一個宗教多元的帝國而言也是一個較為現實的政策。[17]

　　成吉思汗家族是堅定而有天分的斥候。他們的情報員
遍布各地，並且會將其技藝可對帝國作出貢獻的臣民給識
別出來。他們也是戰利品。在多語帝國中語言能力特別受
到珍視。懂得多種語言的人能夠確保有任官機會。能說漢
語的忽必烈對這個問題有著充分的關注，以至於 1269 年他
命令為他效力的吐蕃喇嘛八思巴（‘P’ags-pa）設計一套字
母以拼寫蒙語、漢語與帝國內的其他語言。即便忽必烈盡
了全力推廣，但這套文字從未獲得廣泛接受。

　　蒙古人會在其征服的土地上尋找忠誠而有用的臣僕。

成吉思汗與其後裔焦急地尋找能夠讀懂（也許還包括能控
制）上天的專家。耶律楚材是一位漢化的契丹人，他為成
吉思汗與窩闊台汗效勞。他最初就是憑藉其作為天文學家
與氣象學家的能力獲得大汗的賞識。拉施特（Rashîd ad-
Dîn）講述了一個康里（Qanglï）欽察部人，他善於使用札
答石（*yadatash*），這是一種中亞突厥遊牧民所使用的巫術
雨石。據他所言，這個造雨者能夠在夏天引發暴風雪。[18] 外
來的專家也能有效平復成吉思汗家族的早期成員較具破壞
性的衝動。正是耶律楚材勸諫窩闊台放棄將華北大部轉為
草場以供其牲畜所用的打算，因為牧養繳稅的農民更加有
利可圖。

有技藝的人在他們的天分與帝國的需求指定下於帝國
內部四處遊走。蒙古人孛羅（Bolad Agha）原先在中國任
官，後來去了伊朗。在那裡，他成為蒙古帝國的偉大史家
拉施特最重要的報導人之一。孛羅之父主兒乞（Jürki）是
一位軍事將領，也是孛兒帖家的「博爾赤」（*ba'urchi*，即
廚師），或更可能是監督食物製作過程者。孛兒帖正是成
吉思汗的第一位妻子與正妻，也是他四個嗣子的生母。與

皇室的緊密與親近關係給予他崇高的地位。孛羅的漢語和
蒙語都很流利，並且在忽必烈手下擔任許多重要職務。他
也保留了其父的博爾赤稱號以及它所意味之易於接近大汗
的光環。1285 至 1286 年，他被派遣出使伊朗，並被推選留
在伊朗為拖雷系的伊朗支系效力。孛羅也許要為 1294 年將
紙鈔（在中國相當著名）引入伊朗一事負責。這項舉措完
全失敗。[19] 紙鈔的生產需要印刷術，而這也被傳入伊朗，不
過在當地，印刷術也面臨跟紙鈔類似的命運。

[88]　　　拉施特是一位猶太裔的波斯穆斯林，為伊利汗國重
臣。其職涯亦始於御膳房，不僅為可汗準備食物，並且親
自服侍他。這種與可汗的親近接觸以及與生俱來的才能使
他得以嶄露頭角。他的《史集》（*Jâmi' at-Tavârîkh*）不僅
述及蒙古與其他中亞民族，還有中國、近東，以及關於西
方的所知事物。如果沒有蒙古人建立的橫跨大陸之連結，
這種寬廣的歷史視野也許就不可能出現。他的主君合贊汗
（Ghazan Khan）除了能說阿拉伯語、波斯語以及一口優美
的蒙古語以外，還熟悉印地語、喀什米爾語、藏語、漢語、
「法蘭克語」（Frankish），以及其他語言。[20]

　　成吉思汗家族治下的伊朗與中國間透過烹飪技藝的傳布，而得以交流醫療與藥學知識。拉施特擁有一本中國食譜，並且對中國料理所知甚多，這也許要歸功於孛羅的幫助。至於舍里八（sherbet）[†]與鷹嘴豆湯等西亞食物，在元朝宮廷中也廣為人知。《飲膳正要》是一本約於 1330 年成書的食譜大全，書中即散見波斯與突厥詞彙。[21]類似的興趣也見於一部六語詞典（阿拉伯語、波斯語、突厥語、蒙古語、希臘語及亞美尼亞語），由一位十四世紀中葉遙遠的葉門君主（該地區從未受到蒙古統治）所編纂。在詞條當中，出現了「筷子」與「中國鴨」。[22]蒙古人對歐亞烹飪樂趣的擴展作出了貢獻。

　　馬可‧波羅是成功到達成吉思汗家族汗廷的人當中最出名的歐洲人──而他的身分其實並不顯赫。關於其冒險的行紀在歐洲成為暢銷書。其他還有無數人在蒙古的首都急切地想謁見大汗或是為他們奉獻其長才。威廉‧魯布魯克（William of Rubruck）是一位方濟各會修士（Franciscan

---

[†]　【譯註】意為解渴水，果子露，現稱雪酪。

friar），於 1250 年代由法王路易九世（Louis IX）派遣出
使蒙哥汗廷。[†] 他提到了「巴黎的威廉」，這個工匠建造了
一種新奇玩意兒，其外形為一大棵銀樹，而有許多洞孔往
外噴灑馬奶子與其他酒精飲料。這個眼光敏銳的修士也嘗
試了各種酒類的混合，其原料包括了大米、小米、小麥與
蜂蜜，這些都是蒙古人從其帝國各民族處採借而來的。然
而，魯布魯克不以為然地側目看待其大宴上的集體醉酒行
為，並且非難他們彼此間的比酒競賽：「以一種完全令人
反感而且貪婪的方式牛飲。」[23]

　　成吉思汗家族的宮廷禮節要求把酒暢飲時有音樂伴奏，
而魯布魯克記載了在「韃靼」營地裡的多種樂器。元朝宮
[89]　廷維持了一支管弦樂團，其樂器正是蒙古世界帝國的反映。
從西亞引進了一部管風琴，其外飾有一隻機械孔雀，它並
且會隨著音樂動作。來自突厥草原的絃樂器，如庫布孜
（qobïz）就見於東、西兩邊的成吉思汗家族宮廷中。伊本·

†　【譯註】原文誤植為由教廷派遣，應是將魯布魯克與柏朗嘉賓（John of Plano Carpini）混
　　淆的結果。

白圖泰（Ibn Battûta）‡是一位十四世紀初期的北非穆斯林
旅行家，他曾經在中國參加過一場蒙古宴會，在宴會中表
演者唱了波斯語、阿拉伯語與漢語的歌曲。在伊朗則有中
國音樂的表演者。[24] 射箭與摔角是流行娛樂的主要形式。一
位知名的「大食」冠軍被豁免其摔角的義務，並且被諭令
須負責生育兒子──也就是未來的冠軍。馬球之類的不同
形式的馬上運動從中國到地中海都極度受歡迎。因此，蒙
古人也許是第一個國際運動賽事之冠軍賽的創辦人。[25]

　　成吉思汗家族與蒙古菁英在交流過程中扮演了積極主
動的角色，其影響及愛好則影響了統治境域內外。而文化
交流則經過了蒙古人的篩選。蒙古帝國一度創造了一個和
平而安全的文化互動得以發生的空間。資訊的交流為受過
教育的人以及部分無畏的商人創造了一種具有更加寬廣視
野的體認，他們對這個世界有了更加正確的瞭解。成吉思
汗家族的統治在語言上所留下的足跡則相對小得多。信奉
伊斯蘭教的「突厥－波斯」地區並未因此而改用蒙古語。

‡　【編按】亦譯為伊本・巴杜達或伊本・巴圖達。

蒙語的使用大多仍限於蒙古人內部。

當蒙古帝國崩潰而貿易受到干擾時，位處這個商業互動之邊陲的西歐人渴望找到通往東方的替代道路。穆斯林所控制的中東進展較差。自九世紀以來即開始衰微的阿拔斯王朝伴隨著古典阿拉伯－伊斯蘭文明的元素一併被掃除。自十一世紀塞爾柱突厥人到來後，伊斯蘭腹地受到草原民族支配的情況依舊持續。到了十四世紀，伊斯蘭教作為一股強大的政治－經濟－宗教力量，才在鄂圖曼[†]人（Ottomans）的統治下復興。鄂圖曼人的核心是一個成吉思汗家族邊陲的突厥小集團，也是蒙古旋風之下所創造之許多類似小集團中的一員。

蒙古擴張主義的餘韻也影響了東南亞。蒙古征服華南導致了泰語民族（Tai populations）移入緬甸（Burma）的蒲甘王國（Burmese state of Pagan）。自 1283 至 1301 年，蒙古對蒲甘王國的間歇性攻擊（蒙古於 1287 年曾短暫攻占

† 【譯註】也譯為奧斯曼。

蒲甘王國）造成了更廣泛的流離失所。蒙古人也在今天的
越南、柬埔寨與印尼等地進行軍事行動，但大多功敗垂成。　　[90]
爪哇的麻喏巴歇王國（Javanese kingdom of Majapahit）利
用蒙古存在的機會而於1293年自立，隨後將他們逐出爪哇。
麻喏巴歇後來成為香料的主要供給者之一，大半是為了滿
足西歐的需求。

　　蒙古帝國標誌了草原民族對定居社會最大的入侵。它
將草原、森林區與許多鄰近的國家（中國、伊朗、中世紀
羅斯）放入一個廣大的世界王國當中，也是人類史上最大
的領土相接之陸上帝國。它深刻影響了全球史，並且建立
了國際交流的網絡，也是 1250 至 1350 年間早期「世界體
系」[26] 的發端，更是現代世界的先驅。

第七章

後來的成吉思汗系各支後王、帖木兒與帖木兒帝國的文藝復興

THE LATER CHINGGISIDS, TEMÜR
AND THE TIMURID RENAISSANCE

[91]　　在分裂的成吉思汗家族統治下的世界中，蒙古人是擁有特權的少數民族，而且越來越為其屬民所同化。如來自大馬士革（Damascus）的阿拉伯史學家烏馬里（al-'Umarî）所記載，被征服的欽察人與蒙古人混合，並且他們變得「如同出自同一血統一般」。[1]在蒙古統治下，許多尚存的伊朗語使用者改說突厥語，而這個過程早在六世紀時即已開始進行。突厥－波斯雙語並用的情形在城市中持續存在，如布哈拉與撒馬爾罕。波斯（大食）語維持了其作為高級文化與政府所使用之語言的地位，但是它與突厥語並存的情況越來越增加，甚至在文學領域也如此。突厥語成為以穆斯林為主之中亞的主要語言。

　　蒙古人故意將突厥遊牧民分散改組，把部族裂解後分散之，以便組織成吉思汗家族的私人軍隊。當成吉思汗家族衰微時，部族認同或類部族單位重新興起，其中有部分擁有成吉思汗家族領袖或其他民族的名號。這反映了一種對全新忠誠的強調，即對於「黃金家族」成員的效忠，而非強調親屬的傳統紐帶，無論這種紐帶是事實或是捏造出來的。

　　語言的改變與新認同的出現常常先於或伴隨其他形式
的文化同化，這點表現在宗教上最為顯著。伊斯蘭教從中
亞河中地區的城市輻射出去，傳入不同的突厥－蒙古民族，
當中有部分是新近才進入其勢力範圍的。它首先在尤赤的
兀魯思中取得重大進展，而其兀魯思則是由數個不同的
「帳」（horde）所組成的：即大帳、白帳、灰帳與青帳等
汗國。自十六世紀以來，俄國史料開始將當時已衰微的「大
帳」汗國（即尤赤領地的核心）稱為「金帳」汗國，而這
也成為後來史料中一般為人所知的稱呼。拔都的弟弟別兒
哥（Berke）則是第一位改宗伊斯蘭教的尤赤系成員，時間
也許在 1257 年他繼承汗位以前。其宗教導師為賽甫丁·巴
哈兒昔（Sayf ad-Dîn al-Bâkharzî），是一位來自布哈拉的
蘇非派謝赫（shaykh）†。有些成吉思汗家族成員與其他人 [92]
受其影響，似乎也改宗了。但這並未導致尤赤兀魯思將伊
斯蘭教定為國教。別兒哥的宮廷仍然遵循許多與薩滿信仰
相關的古老習俗。1263 年出使薩萊的馬木留克使臣被告誡
不可洗滌其衣服或服用雪水，以便維持古老的遊牧用水禁

---

† 【譯註】為伊斯蘭教中的尊稱，意為「教長」。

忌。水反映了上天與騰格里（即突厥與蒙古異教徒信奉的
天界至高神祇）。因此水不能被玷汙。[2]

　　只有在月即別（Özbek）治下，伊斯蘭教才取得了持久
的立足點，月即別於 1320 年改宗。有關他改宗的敘述強調
了蘇非在使草原民族皈依伊斯蘭教中所扮演的角色。根據
這則作為典型中亞改宗敘事的故事，月即別的宮廷薩滿運
用其「魔力」給他準備了馬奶子與其他飲料。有一天，穆
斯林聖人的出現阻止了這個「奇蹟」過程的發生。月即別
決定讓薩滿與穆斯林進行一場辯論。當雙方僵持不下時，兩
邊都同意需要一場更加激烈的競賽。他們將兩個爐坑加熱，
一個給薩滿，一個給蘇非，並且決定「誰能從中出來而毫
髮無傷，那麼他的宗教就是真正的信仰」。穆斯林選了一
位毛髮濃密的人，名叫巴巴·突科勒斯（Baba Tükles）。
他穿上了護甲，而他的毛髮挺立並且穿透了護甲的孔眼。
接著，他進入了烤爐中。他的薩滿對手被其同夥給丟入爐
坑當中，而且立刻在爐火中喪命。在巴巴·突科勒斯的爐
坑上正烤著一頭綿羊，而他自己則持續念誦著經文。當那
頭羊完全被烤熟後，爐門被打開，他說：「為什麼你們要

這麼著急呢？」那時，他身上的護甲已經被烤得「如紅火般的灼熱」，但「藉助至高神的力量，巴巴的身體毫髮無損」。而可汗與其隨從當下就皈依了伊斯蘭教。[3]

　　在朮赤系所控制的西部草原上，伊斯蘭教的傳布是沿著始於伏爾加不里阿兒人地區的城市、花剌子模的玉龍傑赤（Urgench），以及更為遙遠的布哈拉的貿易路線所進行的。遠離城市以外的遊牧人口所受到的影響則小得多。統治者與蘇非一同推廣伊斯蘭教，但是薩滿信仰的下層基礎仍舊持續下來，有時還存留至今，在俗民伊斯蘭教中紮根。[4]而新近改宗的突厥－蒙古薩滿信徒則將能行奇蹟的蘇非視為如同他們的傳統薩滿一般，並且相信他們能改變外貌，而且能進入神靈世界以使醫療行為生效。例如，即便在改信了數個世紀以後，吉爾吉斯人中的薩滿仍舊透過跳神[†]與獻祭神靈為病人治病。而儀式中通常伴隨著誦念《古蘭經》這點，則表現了兩種信仰系統如何交纏糾結的情形。[93]在 1958 與 1965 年的嚴重乾旱期間，絕望的吉爾吉斯人遵

---

† 【編按】指巫舞或在宗教寺院裡進行的舞蹈。

循古代的薩滿傳統以進行動物獻祭——而且常在穆斯林的聖人陵墓前舉行！[5] 崇拜動物祖先（例如狼）在許多中亞民族的民俗文化中仍舊廣為存在。有些吉爾吉斯與烏茲別克婦女雖然是穆斯林，但仍然在生育時向烏邁（Umay）禱告，烏邁對古代突厥人而言是掌管生育的女神。

然而，對新宗教的採納並無法維護一個分崩離析的國家。月即別的子孫有著謀殺彼此的不幸習慣。到了 1359 年在皇室幾近無政府狀態時，伊斯蘭教越來越成為多數「韃靼人」的宗教，這裡的韃靼人指的是如今使用突厥語的成吉思汗家族所統治的蒙古與突厥民族的混合。

最終，尤赤系的其他家支奪得大權，但是國內的和平仍舊在未定之天。韃靼人內部的不穩定使得臣屬的莫斯科大公德米特里（Dmitrii）得以在十四世紀中葉宣告自治，他的祖先由於擔任可汗的徵稅官而取得了顯赫的地位。1380 年於頓河（Don River）附近擊敗了由馬邁（Mamai）率領的韃靼軍隊之後，他獲得了「頓斯科伊」（Donskoi，意為「頓河的」）別號，以紀念他的勝利。但是他未能親自謁見

其新主人脫脫迷失（Toqtamïsh，俄文轉寫作 Tokhtamysh）
的結果，激起後者於 1382 年對莫斯科發動進攻，而脫脫
迷失則是於 1381 年控制了金帳汗國。德米特里出逃，而
韃靼人則掠奪了莫斯科。但是即便遭逢了這樣的恥辱，隨
著韃靼人持續崩解，莫斯科也越來越能取得自主權。它維
持了名義上對可汗的臣屬地位，直至伊凡三世（Ivan III，
1462–1505 年）時期擺脫「韃靼枷鎖」（Tatar Yoke）為止。

脫脫迷失的成功很大一部分要歸功於他從跛子帖木兒
（Tamerlane）[†] 處所獲得的援助。在察合台系的領地上，帖
木兒是一位強而有力的軍閥，而當時的察合台系領地是一
個不穩定的地區，並且受困於頻仍的繼位鬥爭當中。鄰近
城市而處於察合台家族治下的遊牧民受到伊斯蘭教的影響，
而那些遠離城市的則反對伊斯蘭教，並且對城市懷有戒心。
即便伊斯蘭教時而受到迫害，到了十四世紀上半葉它已經
成為察合台系統治菁英所信奉的宗教，但絕大多數的部落
民仍舊是異教徒。

† 【譯註】即後文中的帖木兒（Temür）。

到了十四世紀中葉，察合台系的領地一分為二。西部相當於中亞河中地區的古老穆斯林中心成為察合台兀魯思（Ulus of Chaghatay，此為 Chaghadai 的突厥語形式）。而東部包含了今日的哈薩克東南部、吉爾吉斯與新疆則被稱為蒙兀兒斯坦（Moghulitan），意為「蒙古人的土地」。從民族誌上來說，這點其實並不正確。其居民大多數是突厥人與突厥化的蒙古人。穆斯林作家使用「蒙兀兒」這個詞來指稱那些較少接觸伊斯蘭文明的遊牧民，就如同原初的蒙古人一般。西邊的人輕蔑地稱呼東邊的親族為「察台」（*Jete*），意為盜匪、流浪漢、無賴。

[94]

察合台兀魯思是一個古怪的混合，包括了不同部落實體的交錯聯盟與敵意以及成吉思汗系王公的個人軍隊。正是在這裡，帖木兒（Temür）得以崛起掌權，其「跛子帖木兒」之名在歐洲更為人所知。他的名字在阿拉伯文與波斯文中轉寫為 Tîmûr，突厥語意為「鐵」。這是一個常見的名字，在突厥世界中仍被廣泛使用。「跛子帖木兒」（Tamerlane）一詞衍生自波斯語的 Tîmûr-i Lang，英譯為 Timur the Lame。他的右腿走起路來一瘸一拐，這是受傷的

結果，而且右手失去了兩指，是他年輕時有一次偷羊被敵人切掉的結果。[6] 他出生於撒馬爾罕南方100公里（62英里）處的巴魯剌思（Barlas）氏，一個有蒙古血統但已突厥化的部族。

唐・羅・哥澤來滋・克拉維約（Don Ruiz Gonzales de Clavijo）為西班牙卡斯蒂利亞王國（Castillian）的使節，並在帖木兒過世前不久覲見了他。根據他的說法，帖木兒之父塔剌海（Taraghay）「出身於一戶與察合台氏有血緣關係的好人家，但他是個不富裕的貴族，在其背後僅有三到四名騎士跟隨著」。[7] 由克拉維約和其他人所記錄的傳統敘述表現了一位草原帝國創建者的刻板印象，與成吉思汗如出一轍：在相對年輕時就取得領導權、軍事上的成功與幸運。克拉維約講述道，作為一個年輕人，帖木兒與「四到五個同伴」常常去鄰居處偷牲畜，而且「作為一個有勇氣而好客的人」，帖木兒在宴會中與朋友和其他人分享這些東西。最後，他作為一個慷慨的盜匪，名聲不脛而走，而且有其他人前來投靠他，人數後來高達「三百餘人」。克拉維約評論道，他搶奪每個「在路上遇到的人」，而且將

這些不義之財重新分配給其追隨者。因此，他圍堵了所有
的大路，並且向所有他遇到的商人收取買路錢。[8]

　　帖木兒聰明地操弄著察合台兀魯思當中致命的部族與
氏族對立，而且到了1370年時他已經成為首要的政治人物。
由於只有成吉思汗家族的成員才能稱可汗，因此帖木兒從
未僭稱這個頭銜。他反而立了一個成吉思汗家族的成員作
為傀儡可汗，而他則是實際上的統治者，並且娶了一個成
吉思汗家族成員為妻，以使其權力正當化。他對其稱號「古
列堅」（Küregen，即蒙語的 *kürgen*，意為女婿、駙馬）
感到滿意。對於其穆斯林民眾而言，他則是大異密（Great
Amîr）。

　　帖木兒的基本需求是維持一支有效的軍隊，即便他在
察合台兀魯思的權力基礎並不穩固。他的追隨者仍舊效忠
於他，只要帖木兒能讓他們保持活躍。這裡指的是持續的
戰爭與搶掠，這也解釋了他所投入戰爭中的驚人能量。對
他而言幸運的是，他的對手們既衰弱且分裂。透過將其自
身表現為以察合台或窩闊台家族之名而行動，抑或作為「伊

[95]

斯蘭的皇帝」（*Pâdishâh-i Islâm*）的擁護者，帖木兒得以宣稱他所進行的是正義之戰。他真正的野心是復興成吉思汗的大一統帝國——而他自己則是其領袖。他是個複雜的人物。作為一位傑出的軍事指揮官與政治家，他也能表現得極度野蠻。對那些沒有馬上投降的人而言，等著他們的是毀滅與屠殺。

作為一個屬於草原的男人，也是最後一位橫跨歐亞的偉大遊牧征服者，帖木兒對於定居社會並不陌生。然而，他明顯宣稱對遊牧傳統與成吉思汗家族之神秘的遵從，他也是一個穆斯林，一個邊疆伊斯蘭教的產物。雖然他自稱是伊斯蘭教的擁護者，但與他信奉同一宗教者多半名列於被其傷害者的名單之上。當他批判別人對城市過於熱愛時，撒馬爾罕則是其征服事業的主要受惠者。該城市得到成長，而他會以他所征服的城市為某些新建的周邊城區命名。

克拉維約描述撒馬爾罕為一個人口密集的城市，而且被果園與葡萄園所環繞，它們跟城市內外的花園一樣得到「許多水渠」的灌溉。[9] 帖木兒建造了一座城堡，當中有

政府機關、鑄幣廠、監獄以及兩座宮殿，呼和薩萊（Kök
Saray，意為青宮，因其青色屋瓦而得名）與布斯坦薩萊
（Bustan Saray）。據後世記載而且如今仍舊流傳的說法，
呼和薩萊裡有塊呼和塔石（Kök Tash，即青石），而統治
者以一塊白毯覆蓋其上，該石並充滿了其權威。[10] 該宮殿後
來由於發生爭奪王位的謀殺鬥爭而惡名昭彰。帖木兒支持
新灌溉水渠的維修與建設，這事對成吉思汗而言恐怕相當
陌生。撒馬爾罕成為其帝國的展示品，一如某位近來的旅
客所言，那是個帖木兒能穿戴在身上以便展示其戰利品的
「勝利紀念品」。[11] 即便有許多豪華的建築，帖木兒偏好在
城中的花園與公園中找一處搭帳篷入眠。而他搶掠殆盡的
花剌子模城市，如渴石（Kesh）†、玉龍傑赤與其他，也受
惠於他的新建設。中亞再度成為東西方之間國際商貿的重
要中心。

帖木兒是個充滿矛盾的人，他喜歡讓有學識的穆斯林
充任其隨員，但又同時遵循伊斯蘭教法（Sharî'ah）與傳統

† 【譯註】亦譯竭石，即今沙赫里薩布茲（Shahrisabz）。

草原法（*töre* 或 *yasa*）。當他的軍隊奴役穆斯林（這是被
伊斯蘭教法所禁止的）且毀壞清真寺時，他支持穆斯林制 [96]
度。他的部下離開後留下了有如金字塔一般的骨骸堆。如
同他同時代的遊牧菁英，他同時跨足於都市伊斯蘭世界與
草原異教徒世界當中。其追隨者中有許多仍舊信奉薩滿信
仰。雖然他出於策略考量而在草原作戰，但除了他的核心
察合台軍隊以外，他並未試圖將遊牧民帶進其國家中。遊
牧民並不願意成為強大中央集權國家的一部分。對帖木兒
來說，讓他們失衡且分裂就已經能滿足其目的了。

某種程度上而言，這是個馬背上的政府。帖木兒在政
府的基礎結構上並無太多創新。其帝國將自身嫁接在既有
的官僚與徵稅機構之上。最後，帖木兒將地方上的統治者
以自己的家人與其他親信取而代之。但後者的數量並不多。

帖木兒的征戰從印度延伸到小亞細亞，類似一種對其
鄰國的搶掠性「遊覽」。這些是為了戰利品所進行的搶掠，
而非永久的征服。地方上的統治者要不選擇投降並支付贖
金，要不就面臨毀滅性的攻擊。他一再擊敗了他先前的被

保護者脫脫迷失，甚至占領且洗劫了薩萊。金帳汗國的元氣此後從未恢復。

　　在「參訪」大馬士革時，他於 1401 年數度訪問北非歷史學家與哲學家伊本・赫勒敦（Ibn Khaldûn）。帖木兒雖然不識字，但他卻知道這位學者，足見其興趣之廣泛。伊本・赫勒敦來到這位征服者的跟前並且親吻了他伸出的手。帖木兒雖然能說流利的波斯語和其母語突厥語，但他卻不懂阿拉伯語，並且必須透過來自花剌子模的翻譯來溝通。他向這位學者接二連三地詢問關於北非的事物，並且要求他為自己撰寫一部關於該地區的描述。伊本・赫勒敦在這位征服者的營地裡花了一個多月的時間完成了這本應要求而寫的作品（但該書似乎從未刊行）。他對於帖木兒的智慧、知識與好奇心印象深刻。作為一位處事老練的人，這位歷史學家褒揚了他的主人，說他是人類歷史上最偉大的征服者——並且沒有忽略送他禮物一事，這也是「韃靼」宮廷禮儀的重要環節。[12]

　　然而，當他在安卡拉之役（Battle of Ankara）擊敗且

俘獲鄂圖曼蘇丹巴耶濟德一世（Bâyezîd）時，帖木兒較不
溫和的一面在 1402 年詳細表露出來。這位鄂圖曼君主在被
俘虜後不久就過世了，而鄂圖曼人奪取君士坦丁堡的計畫
也因此受挫了半個世紀。1404 年回到其首都撒馬爾罕的帖
木兒接見了克拉維約，並且略帶輕蔑地接待了明朝使臣，
當時明朝才剛在中國建立新政權。而明朝原本是他的下一 [98]
個目標。這位年老的征服者啟程東征，然而於隔年病逝。

　　與王朝的創建者對比之下，他的後代子孫都受過教育
且識字。他們也贊助學者、詩人、建築師與藝術家。有些
歷史學家主張，從強調提倡文化和任人唯才而言，帖木兒
王朝與歐洲文藝復興時期的君主相當類似。在當時的歐洲，
文化展示是統治的重要部分。沙哈魯（Shâhrukh）是帖木
兒之子與繼承人。他以赫拉特（Herat，位於今天的阿富汗）
為根據地，與其夫人高哈爾‧莎（Gawhar Shâd）獎掖裝飾
藝術，如手抄本的圖案花飾以及建築。她建立了一座清真
寺、伊斯蘭學校（*madrasa*，即穆斯林的高等教育學校）與
其他敬神的捐獻。高哈爾‧莎在政治上也是一股活躍的力
量，這也導致了她的垮臺。1457 年，她以八十歲之齡在家

族政治鬥爭當中遭到殺害。

　　在帖木兒王朝的世界中，對藝術的熱愛與家族競爭者的謀殺成為常見的熟悉主題。沙哈魯之子兀魯伯（Ulugh Beg）是中亞河中地區的總督與其繼承人。他對於科學相當感興趣，且建造了一座天文觀測台，如今它還聳立於撒馬爾罕。它是一座著重於天文學與數學之伊斯蘭學校的一部分。兀魯伯與其朋友圈所支持的文化是雙語的，使用波斯語和東部突厥語。後者由於在察合台兀魯思發展起來，故稱為「察合台文」。沙哈魯與兀魯伯兩者都不具有擔任軍事指揮官的天分。到了 1447 年，國家已經分崩離析，被貪婪的外戚、不安的下屬，以及叛變的諸侯所肢解。兀魯伯受其子阿不都・剌迪甫（'Abd al-Latîf）逼迫而下臺，後來更遭其謀殺。即便有這些致命的對抗，帖木兒王朝晚期最成功的蘇丹侯賽因・拜哈拉（Sultan Husayn Bayqara）於赫拉特在其充滿詩人與藝術家的華麗宮廷中仍舊大發議論。此時期帖木兒王朝文化繁榮的成果在突厥－伊朗文學與藝術世界中也得到了共鳴，並且在鄂圖曼與馬木留克的首都以及印度都有欣賞者。在赫拉特，詩人米爾・艾里・希爾・

納瓦依（Mîr 'Alî Shîr Navâ'î）是蘇丹最親近的朋友，並且以波斯文和察合台突厥文創作韻文。在他的《兩種語文之辯》（*Muhâkamat ul-Lughâtayn*，作於 1499 年）當中，他主張突厥語與波斯語應擁有同等地位。但是，即便是以察合台文表現時，波斯文化傳統仍舊具有盛行的傾向。

在這個時代的藝術家當中，神秘的「黑筆穆罕默德」（西亞·哈拉姆〔Siyâh Qalam〕）仍然特立獨行，他也許與赫拉特有所關聯。他多才多姿的畫作描繪了日常遊牧生活、千變萬化的惡魔，以及漂泊的蘇非，並且提供我們在伊朗定居世界之外關於突厥遊牧民的特殊印象。[13] 而非凡的細密畫家卡邁勒·阿爾丁·畢扎德（Kamâl al-Dîn Bihzâd）則是納瓦依在赫拉特的門徒，創作了一批肖像畫（包括了納瓦依與蘇丹侯賽因·拜哈拉）、宮廷景象以及平民的日常生活。 [99]

蘇非無論是作為個體或群體，都在中亞遊牧民族的伊斯蘭化中起了關鍵作用。如今以「塔利卡」（*tarîqa*，即

[100] 兄弟會）†形式組織起來後，他們在帖木兒王朝的政治、社會、經濟與文化上都是重要因素。在這些教團中，最具影響力的就是納合什班底教團（Naqshbandiyya order），由出身於布哈拉地區的塔吉克人火者・白哈文丁・納合什班底（Khwâja Bahâ ad-Dîn Naqshband）所創立。他延續了一項傳統，即每位蘇非精神領袖（阿拉伯語：謝赫〔*shaykh*〕，波斯語：辟爾〔*pîr*〕）會將其職位與（某種程度上的）卡里斯瑪魅力賜予其繼任者。雖然他們在表面上與基督教的修道士教團有類似之處，但兩者間的不同之處在於蘇非並不過隱居生活。他們在世界上四處雲遊，而且他們的道堂對此持開放態度。無論是在城市或鄉村，許多穆斯林都會參加他們的儀式，但不需要成為該教團的全職成員。而權傾一時的納合什班底火者・奧貝都拉・阿赫拉爾（Khwâja 'Ubaydâllah Ahrâr）成了帖木兒王朝蘇丹的顧問。他的傳世信函則混合了虔誠與具體的「祈求」，希望神能幫助信件的持有人。這位火者的話具有很重的分量。

---

† 【譯註】一般譯為教團或道門，後文以教團譯之。

　　如同在中國的成吉思汗家族，帖木兒王朝發展了一套有效的徵稅系統與其他更加中央集權的統治形式，但這些措施讓遊牧民日漸疏離。他們撤回草原，進行改革，以龐大而有力的聯盟回歸——最終對帖木兒王朝造成傷害。在歐洲，對海權的新興趣發展成一種新管道，而這大約發生在帖木兒王朝治下的中亞紛擾不斷，以及從印度洋貿易（這也是當時許多國際商貿的中心）經馬木留克治下的埃及而來之貨物成本增加的時期。馬木留克的蘇丹巴爾斯拜（Barsbay）極度渴望稅收，故開始對轉運貿易徵收重稅。而歐洲人為了尋求繞過這個昂貴的中間人，發展了更有效率的海權以便進入印度洋。最終，在達伽馬（Vasco Da Gama）於 1498 年航海抵達印度後，商道轉移到海路，而這也影響了中亞的經濟。陸路變得過於危險並且成本昂貴。

　　帖木兒王朝時期也見證了來到中亞河中地區的突厥人進行規模更大的整合，以及非突厥人口的進一步突厥化，而人口趨勢則早已有所反映。部分突厥部落民開始定居，也許是出於帖木兒王朝的君主要求所致。定居的屬民較容易掌控。而開始採用定居生活方式以及使用突厥語這兩種

過程，則為現代的烏茲別克族創造了部分的主要族群和語言成分。

尤赤系的瓦解與帖木兒王朝相同。1399 年，也迪古（Edigei）將軍擊敗了其舊主脫脫迷失與其盟友立陶宛大公維陶塔斯（Vytautas），亦稱維托特（Witold）。此後直到 1410 年為止，他利用不同的尤赤系傀儡君主來控制金帳汗國。他積極向欽察草原上的遊牧民推廣伊斯蘭教——常常是透過武力達成——並且宣稱他有首任哈里發阿布·伯克爾（Abu Bakr）的血統。其新奇之處在於他試圖將一個受尊敬的伊斯蘭教世系與在草原上行使政治權力兩者連結。但這並未成功。1419 年，他死於一場無止境的戰爭漩渦中，他的遺體被砍成碎片，以作為非成吉思汗家族的暴發戶之教訓。即便死的如此不光彩，也迪古的功績仍舊活在傳說當中，並且成為韃靼人、巴什基爾人（Bashkirs）、卡拉卡爾帕克人（Qara Qalpaqs）、烏茲別克人與諾蓋人（Noghais）口頭民俗文化的一部分。後者諾蓋人是一個突厥化的蒙古系部族，也是也迪古的核心追隨者。他們後來重新編組，並且於十五世紀時以諾蓋汗國（Noghai Horde）之名，在

[101]

西伯利亞西部與伏爾加河地區之政治分裂的成吉思汗系國家中，手握擁立與廢黜君主的大權。

　　1420 年代的王位鬥爭、旱災與瘟疫加劇了朮赤兀魯思的解體進程。這是個黑暗時期，而傳世的歷史紀錄則充滿矛盾抵觸。1443 至 1466 年間（也許可以晚至 1502 年），有三個新的朮赤系汗國在克里米亞、伏爾加河中游的喀山（Kazan），以及伏爾加河下游的阿斯特拉罕（Astrakhan）成形。而第四個國家凱西莫夫汗國（Kasimov khanate）則在莫斯科公國（Muscovite）的援助下，於 1452 年在奧卡河（Oka River）流域成立。任何成吉思汗家族的後代都有權宣稱自己是這些汗國的主人。由於諾蓋人的軍事支持具有關鍵作用，因此他們極為樂意從這場進行著的政治騷亂中漁利。朮赤系的領地被一系列動盪不安的國家所繼承。

　　朮赤系統治伏爾加－烏拉爾地區也有族群和宗教上的分支。伏爾加不里阿兒人與欽察人和「韃靼人」混合後，構成了現代的伏爾加韃靼人。其他伏爾加不里阿兒人的小集團則依舊遠離這個過程，與當地的芬蘭民族混合，而且

並未改信伊斯蘭教。他們成為現代楚瓦什人的祖先，如今
約有兩百萬人，與伏爾加韃靼人為鄰。他們是唯一還保留
保加爾－突厥語（Bulgharo-Turkic language）的民族。「保
加爾人」的概念遺產在定義楚瓦什人與伏爾加韃靼人的身
分認同上，仍舊起著作用。在韃靼人當中，不里阿兒人的
遺產與伊斯蘭教有所關聯。[14] 鄰近烏拉爾地區的巴什基爾人
也已被伊斯蘭化，但是他們仍舊保持遊牧，這點和絕大多
數定居且相對高度都市化的喀山韃靼人有著明顯對比，雖
然他們的語言有著緊密關聯。

尤赤系失必兒汗國（Jochid khanate of Sibir）位於西
伯利亞西部森林－草原區，即伏爾加－烏拉爾地區的東部。
它也是最北邊的穆斯林國家，其興起的詳情至今仍舊不明。
在尤赤之子昔班（Shiban）的後人伊巴克汗（Ibaq Khan）
的領導下，它崛起為一股連貫的政軍力量。它常與諾蓋人
有緊密聯繫，因此對於意圖爭奪伏爾加地區諸汗國統治權
的尤赤系王公而言相當重要。1481 年，伊巴克汗與諾蓋人
[102] 狠狠教訓了金帳汗國的阿黑麻汗（Ahmad）。金帳汗國在
遭受嚴重削弱以及克里米亞汗國的連續襲擊後，於 1502 年

消失。

在金帳汗國崩潰後，新的聯盟也嶄露出頭。在諾蓋人的支持下，到了 1451 年，昔班系的阿布勒海兒汗（Shibanid Abu'l-Khayr Khan）成為西伯利亞－欽察草原西部的主要力量。其追隨者自稱為烏茲別克人（Özbeks），其中混合了欽察人與突厥化的蒙古部族，其名稱取自於改信伊斯蘭教的朮赤系可汗。這些烏茲別克人在英語中以其名的俄語發音而廣為人知：烏茲別克（Uzbek）。阿布勒海兒汗成功掠奪了帖木兒王朝治下的中亞河中地區，而此舉則提升了他的權威。他的「國家」從烏拉爾山、錫爾河延伸到巴爾喀什湖（Lake Balkhash）與額爾濟斯河。雖然他生性嚴酷，而且他對於領土的慾求使得其他的朮赤系汗國以及臣屬部族遭遇到挑戰，但是他失敗的原因則是來自其他地方的人，即：瓦剌（Oirats），一個強大的西蒙古部落聯盟。

瓦剌出現自蒙古世界的森林邊緣地帶。他們的領袖是擁有政治影響力的薩滿，並擁有「別乞」的稱號，且與很早就和成吉思汗家族構結了重要的婚姻紐帶。在 1368 年元

朝瓦解以後，大多數在中國的蒙古人回到了蒙古，在那裡
他們組成了兩大地理集團：東蒙古與西蒙古。瓦剌被編為
萬戶（*tümen*），並且仍舊受到成吉思汗系的大汗所控制，
而大汗的權威則在蒙古的變化多端的政治棋盤上起伏盈虧。
包括部分非成吉思汗家族成員在內的許多可汗都設法奪得
大權。作為西方部族之核心成分並且偶爾控制蒙古大部的
瓦剌，最終主宰了蒙古西部、新疆與直至額爾濟斯河的西
伯利亞地區。而希冀控制動盪不安之蒙古邊境的明朝，則
挑動瓦剌與東蒙古的對抗。

在脫歡（Toghon）與其子也先（Esen）的領導下，瓦
剌的力量在十五世紀中葉成長。他們主宰了蒙古，並且將
其影響力伸張至察合台兀魯思，以及東面的滿洲與中國，
甚至於 1449 年俘虜了明朝皇帝[†]，並且囚禁他達一年之久。
由於也先並非出身成吉思汗家族，他通常會讓一個成吉思
汗系的人出掌傀儡政權，但 1453 年他自立為大汗。他的部
將對這樣的事態發展相當不安，最後他於 1455 年遭敵人所

---

† 　【編按】即土木堡之變。

刺殺。

　　在西邊，阿布勒海兒汗則有潛力對抗瓦剌。雙方的軍隊於 1446 年向對方開拔。也先的軍隊數目遠遠超過阿布勒海兒汗。然而，是也先提出了和平協定，他的使者轉告這位自大的烏茲別克汗說道：「別讓汗水從我們年輕人的衣服上滴下，也別讓鮮血從他們的身體上流下。」[15] 但阿布勒海兒汗拒絕了這項提議。他因而被瓦剌擊敗並且逃到錫爾河地區的昔格納黑（Sïghnaq）避難。這次與瓦剌的交手也預示了未來。1457 年，也先的繼承人阿馬桑赤（Amasanji）擊敗了阿布勒海兒汗，並且使其降服。 [103]

　　其他的尤赤系成員，如札尼別（Janïbeg）與克列（Girey），他們對阿布勒海兒汗的嚴苛統治積怨已久，如今起來反抗其權威。這些反叛者自稱為「烏茲別克－哈薩克人」（Özbek-Qazaq），而後來僅稱為哈薩克（*Qazaq*），其意為「自由、獨立人、劫掠者、冒險家」，而且多半具有「反叛」之意。[16] 自 1459 年至 1460 年代晚期，數以千計的烏茲別克－哈薩克人逃離阿布勒海兒汗，並且在七河

流域（Semirech'e）避難，該地位於巴爾喀什湖與天山山脈之間，在今日的哈薩克南部。在阿布勒海兒汗辭世後，米爾咱‧海答兒‧朵豁剌惕（Mirza Haidar Dughlat）將此事記錄於其史書中，此即《拉失德史》（*Ta'rîkh-i Rashîdî*）†，書成於 1546 年。該書記載道，烏茲別克國「陷入混亂，而他們之間則衝突頻繁」。[17] 烏茲別克－哈薩克人（即今日的哈薩克人）則持續成長。到了 1466 年，他們已經組成一個宏偉的聯盟，並且即將準備轉而對抗烏茲別克人。而現代的烏茲別克與哈薩克民族則在部分上為其產物，且如今已經成為永久的區隔。

蒙兀兒斯坦的情況則混沌不明，這是長久以來的察合台系世仇，以及可汗試圖將伊斯蘭教強加於不願接受的遊牧民身上的結果。《拉失德史》記載，在察合台系的馬哈麻汗（Muhammad Khan）治下，「若是一個蒙兀兒人……不穿戴頭巾的話，馬蹄鐵釘就會釘入其頭顱裡。」同一書中記載，有個冥頑不靈的首領最終因為一個衰弱不堪的塔

---

† 【譯註】亦譯為「賴世德史」。

吉克聖人擊倒了其擁護者，而改信了伊斯蘭教。[18] 到了十五世紀晚期，蒙兀兒斯坦已經被穆斯林化。然而，大半的吉爾吉斯人仍舊信奉薩滿信仰，或是遵奉某種薩滿信仰與伊斯蘭教的混合。在這些宗教緊張態勢下，瓦剌常常威脅舊有的察合台系領地全境。蒙兀兒斯坦的歪思汗（Uwais Khan）與他們打了六十一場仗；當中他只打贏了一場。但是，他維持了這個區域的一統。在 1428 年他過世以後，政治的分裂態勢進一步惡化。

新疆的情況也發生了變化。十四世紀晚期，吐魯番仍然多半是非穆斯林。到了十六世紀，長久以來與突厥佛教和基督教文化相關聯的「畏兀兒斯坦」（Uighurstân）之名，已經消逝在人們的記憶中。這個地區到了十六世紀晚期至十七世紀早期時，已經完全伊斯蘭化了。

此時，成吉思汗家族的光環已經不再。忽必烈系的巴圖蒙克（Batu Möngke）以其稱號達延汗而為人所知，而他自 1483 年後統一了東蒙古。他一歲時失怙，七歲時登上汗位，並且娶了傑出而且在政治上舉足輕重的滿都海哈屯

[104]　（Mandukhai Qatun，在某部地方編年史中，她被稱為是達延汗的「繼母」），她也是滿都魯（Mandagul）之遺孀。而滿都魯則是察哈爾部（Chakhar）的蒙古大汗，並擁有某種程度的優越地位。察哈爾部主宰了今日的內蒙古地區。其政治主動權也許來自於滿都海哈屯及其陣營。

　　蒙古編年史後來將達延汗描寫為成吉思汗的真正後裔，而滿都海哈屯則是民族之母。他將蒙古人分為六個集團，[†]並且再細分為左右兩翼。這個體系雖然有部分變異，不過直到二十世紀仍在運作。[19] 除了察哈爾部以外，左翼還包括了組成今日之蒙古國（舊稱外蒙古）大多數人口的喀爾喀部（Khalkha）。即便達延汗取得了成功，內部衝突仍舊在檯面下潛伏著，並在其死後再度浮現。統一仍舊是難以完成。同時，新的帝國也在中亞的鄰近區域逐漸形塑當中，在草原上新的聯盟也逐漸成形，而新的技術也浮出檯面。

　　在十世紀初期，中國人就已經發展出裝滿火藥的筒管，

† 　【譯註】即六萬戶。

並且被裝在「火矛」上，那是一種早期的火焰投射器。其他的裝置則能夠噴出骯髒的碎塊，後來又加入了能夠割破人體皮肉的碎片。到了蒙古時代的發端期，他們已經能夠取得原始的火器。而總是留意新軍事技術的蒙古人則使這些裝置名震歐亞。時至1300年，這些筒子變得更大、以桶裝載，而且如今能夠投射。帖木兒的軍火庫就包括了原始的火焰投射器與火箭。由於從鄂圖曼戰爭中帶回了火炮專家，他很有可能將手槍與加農炮引入了中亞。中亞的火藥時代已經來臨，而帖木兒則對進一步傳布這些新的戰爭工具有所貢獻。

但是，總的來說，遊牧民在採納這些新武器的速度上比較緩慢。在早期，這些新武器的可靠性與準確性很難跟訓練有素的射箭手相匹敵。起初，加農炮在對抗快速移動的騎兵上並不有效。在對付也先所率領的瓦剌人時，就驗證了明朝的大炮起不了作用。一直以來就有人主張，火器無能應付蒙古的威脅，導致了中國武器發展的停滯，因為明朝質疑火器的有效性。然而，歐洲的情形並非如此。[20] 最終，步兵裝備了準確度提升的火器，他們證明比騎射手來

得優越。到了十五世紀末期,遊牧民已經無法攻下配有火
器防衛與高牆深築的城市。戰爭技術的發展方向並不利於
千年以來占有優勢的騎射手。

第八章 火藥時代與帝國崩潰

THE AGE OF GUNPOWDER AND THE
CRUSH OF EMPIRES

[105]　十六世紀初，中亞的人民發現自己在邊界上處於互相競爭的帝國之間的夾縫當中。薩法維王朝的沙赫伊斯瑪儀（Ismâ'îl）是一個出身伊朗西部與安那托利亞之軍事蘇非運動的後裔。他征服了伊朗並且定伊斯蘭教什葉派為國教。信奉什葉派的伊朗阻礙了信奉遜尼派的中亞與鄂圖曼帝國之間的直接聯繫，而鄂圖曼帝國是當時最強大的遜尼派穆斯林國家。在西元 1550 年代，莫斯科公國征服了伏爾加河地區的尤赤系汗國，在中亞與中東的穆斯林突厥民族之間進一步豎立了障礙。蒙古人信奉以達賴喇嘛為最高宗教導師的藏傳佛教，而他也提供了他們精神上（還常有政治上）的領導權。這也將信奉佛教的蒙古人與穆斯林突厥－波斯地區分隔開來，並且進一步裂解了成吉思汗家族的領地。滿洲帝國在十七與十八世紀的崛起與擴張使這些裂隙更加惡化。

軍事力量的平衡正在改變——而且是朝著對遊牧民不利的方向而變。十七世紀中葉，遊牧民的複合弓與火繩槍（matchlock musket）之間還算是平分秋色。但是過了一個世紀後，燧發槍（flintlock rifle）已經取得優勢。有些遊牧

民拒絕這種新技術，因為它們並不適合遊牧民的傳統戰術；
有些則願意接受槍炮，但是他們大部分缺乏量產的工業能
力或是足夠的財力來購置。因此總體來說，中亞的遊牧民
在軍備競賽上逐漸落居下風。而遊牧民戰士的全盛期已成
昨日黃花。[1]

　　哈薩克人脫離阿布勒海兒汗之舉是重構突厥成吉思汗
系之世界的催化劑。大約在 1470 年，由札尼別與克列所率
領的哈薩克部族，定居於今天的哈薩克，並且結合為一個
強大的聯盟。「哈薩克」（*Qazaq*）原本是一個社會政治上
的用語，如今成了民族的名稱。哈斯木汗（Qâsim Khan）
為札尼別之子，被認為是繼尤赤之後最強大的可汗，控制
了欽察草原的大部分，且控弦之士超過百萬。[2]

　　在受迫於其哈薩克敵人之下，阿布勒海兒汗之孫穆罕
默德‧昔班尼（Muhammad Shîbânî）與其烏茲別克族人於
1500 年跨入了中亞河中地區，並趕走了當地殘存的帖木兒
王朝政權。巴布爾（Babur）是昔班尼的主要敵人之一，他
是一位帖木兒王朝的王子、詩人與勇士，但最終他逃到印度

避難。在其回憶錄《巴布爾納瑪》（*Baburnâma*）†中，巴布爾為其烏茲別克勁敵描繪了一幅形象欠佳的圖像。巴布爾稱其為「苦艾汗」（Wormwood Khan），並且說他不識字，所創作的詩歌「平淡無趣」，而且「其所言所為充滿了愚蠢、低能、魯莽與瀆神之事」。³ 苦艾可以用來製作迷幻藥，因此巴布爾為昔班尼所取的輕蔑綽號（取苦艾的蒙語 *shibagh* 諧音）意味著他也是個因嗑藥而昏亂糊塗的人。

事實上，就當時的標準而言，昔班尼汗受過良好教育，而他的詩歌與散文作品在當地也贏得要求嚴格的文藝圈尊敬。他也並不比巴布爾來得貪杯，而後者在這類事情上很難說是節制禁慾的。此外，昔班尼汗也是一位頗有名望的穆斯林，並且與蘇非派亞撒維教團（Yasawiyya Sûfîs）有緊密聯盟的關係。而亞撒維教團與納合什班底教團兩者在推廣遊牧民信奉伊斯蘭教上都扮演重要角色。為了反制薩法維王朝伊斯瑪儀沙赫的意識形態主張，昔班尼汗自稱為「時代的伊瑪目，仁慈的哈里發」。

† 【譯註】中譯本名為《巴布爾回憶錄》。

烏茲別克人將中亞河中地區轉變為「烏茲別克斯坦」。 [107]
他們構成了軍事與文化菁英，但在人口上僅占少數。他們
在突厥與伊朗人早先的層積中置入了一個語言與文化的複
合夾層。正是這種之極度波斯化的察合台突厥文在官員與
文學圈中代表了突厥語。而這種突厥文長久以來又與都市、
突厥－波斯、及帖木兒王朝的文明相關，而與新的征服者
欽察人無關。知識分子仍舊以波斯語和突厥語雙語並用。
突厥－波斯的文化區從印度延伸到鄂圖曼帝國。遜尼與什
葉兩派間的敵意使得文化交流更加難以開展，但是突厥－
波斯文化的共生持續保留下來。

穆罕默德・昔班尼汗是鄂圖曼人的盟友，也同為遜尼
派穆斯林，並共同對抗信奉什葉派的伊朗薩法維王朝。這
場無可避免的一戰，對昔班尼汗造成了災難性的後果，他
於 1510 年戰死在麻里兀（Merv）‡ 近郊。薩法維王朝將其
頭皮剝下，裝入雜草後送給鄂圖曼的蘇丹，這是個明顯的
挑戰。有些帖木兒系成員在薩法維王朝的協助下，短暫回

---

‡ 【譯註】即前文所提到的木鹿，今土庫曼之馬雷（Mary）。

到了中亞河中地區──不料卻得而復失,於 1512 年被再起
的烏茲別克人所奪回。

　　巴布爾也是 1512 年出逃的帖木兒系成員之一,一開始
先逃到今日阿富汗境內的喀布爾(Kabul),之後再到印度。
他擊敗了德里洛迪(Lodi)王朝的蘇丹,並且建立了印度
的莫臥兒王朝(Mughal Dynasty,1526–1858 年)†。巴布
爾與其下任繼承人視印度為他們收復中亞河中地區以前的
臨時避難所,不過他們的企圖遭遇挫折。但是,莫臥兒人
在文化取向上仍舊傾向其早先的故土。莫臥兒王朝的統治
者直到十八世紀初都還是接受察合台突厥文的教育。就如
同在中亞,波斯語仍是政府與高級文化的語言。雖然莫臥
兒與烏茲別克依舊是死敵,但是莫臥兒王朝治下的印度仍
然持續晉用有軍事、行政與知識才華的中亞人士。而印度
對於那些有抱負與才華的人而言,也是能獲得良好報酬之
處。有些中亞人士留在當地;其他的人在抵達後不久,就
抱怨當地的氣候與食物,並在發跡致富後離開印度。

† 【譯註】也譯為蒙兀兒王朝。

　　巴布爾的表弟米爾咱・海答兒・朵豁剌惕的生命史，
說明了這個時代的紛亂本質。1508 年在烏茲別克人於赫拉
特殺害了其父後，巴布爾將米爾咱・海答兒・朵豁剌惕帶
回印度。受到巴布爾保護下的米爾咱・海答兒・朵豁剌惕
在波斯和突厥詩文、繪畫、書法，以及箭矢的製作上「相
當精熟」。[4] 他的《拉失德史》充滿了對事件及其形塑者
的觀察。在效力其另一位表兄，蒙兀兒斯坦的葉爾羌汗國
（Yarkand khanate）賽德汗（Sa'îd Khan）期間，米爾咱・
海答兒・朵豁剌惕則以其軍人與政治家身分著稱，這也顯
示了當時中亞菁英的多才多藝。1541 年他拿下了喀什米爾，
並且建立了他自己的半自治小國。苦難的經歷教導他要把 [108]
握每個出現的機會。

　　在西方，自十六世紀以來，莫斯科公國在形塑中亞邊
界上的作用便日益重要。莫斯科大公的正當性來自於東正
教會以及為蒙古人效力之舉。據此，他們將其他羅斯公國
納入其控制下。在 1453 年君士坦丁堡落入鄂圖曼土耳其人
之手後，莫斯科公國就視自身為東正教會的最後前哨。當
莫斯科公國向東方的芬蘭－烏戈爾地區擴張時，在爭奪穿

著皮裘的北方民族的控制權上，很快就面對來自喀山與失必兒汗國的競爭。這也是俄國征服伏爾加韃靼汗國、向西伯利亞擴張，與後來進入哈薩克草原的前奏。

1552 年，莫斯科的伊凡四世（又稱「恐怖伊凡」）征服了喀山汗國。其人口 —— 包括穆斯林不里阿兒－韃靼人、烏拉爾地區的巴什基爾部族，以及伏爾加芬蘭人 —— 都成了俄國人的屬民。伊凡四世於 1556 年攻下了阿斯特拉罕汗國。而數個世紀以來由突厥人所控制的伏爾加－烏拉爾地區，也落入了俄國人的手中。莫斯科公國正逼近了中亞。

在征服了伏爾加地區的汗國後，1547 年起，伊凡四世自立為沙皇（tsar），將他自己表現為拜占庭皇帝與成吉思汗系可汗的繼承人，也是一個強而有力的意識形態主張。莫斯科公國的宣傳者將其征服描繪為一場對抗伊斯蘭教的聖戰，並且有需要使大批的穆斯林改信基督教。教堂取代了被摧毀的清真寺，而改信或宣揚伊斯蘭教則受到禁止。此後，莫斯科的政策，視情況而在基督教傳教活動（有時候甚至是強迫性的）與宗教容忍兩者之間擺盪。異教民族

（例如伏爾加芬蘭民族）則改宗東正教，雖然常常只是表面上的。隨之而來的是大規模殖民。到了十七世紀，俄國人已成為這些地區的多數民族。

由於被鼓勵為莫斯科公國效力，韃靼貴族很快就被同化，變成東正教徒，並且構成了帝俄貴族的重要成分。那些沒有被同化的，則常常變成了商人或烏理瑪（*'ulamâ*，對穆斯林而言為神職人員的同義詞）[†]。後來，在保持使用突厥語的草原遊牧民的履行伊斯蘭教一事上，伏爾加韃靼商人與教士起了重要作用。

從 1500 至 1900 年，作為世界上擴張速度最快的國家之一，大約一天能取得五十平方英里。在擴張初期，莫斯科公國的邊疆要塞是進一步擴張的中途停留站，並提供俄人保護，以免遭遊牧民掠奪為奴。後者造成了大量的人口損失。甚至遲至十八世紀初，仍有大批的俄國人（也許高達二十萬人）遭掠奪與俘虜。這使得俄國成為僅次於非洲 [109]

[†] 【譯註】字面意義為學者。

的第二大奴隸來源。[5]

1581 年，伊凡四世開始征服西伯利亞，當一名哥薩克冒險家與匪徒葉爾馬克‧齊莫菲葉維奇（Yermak Timofeevich）率領一支八百四十人的軍隊擊敗了失必兒汗國的庫楚汗（Küchüm），並且攻陷了其首都伊斯克（Isker）。葉爾馬克死於 1585 年的一次韃靼人伏擊當中，但是俄國人持續痛擊庫楚汗。後者失去了家人（他據稱有一百位妻子）、財富與國土，並且約於 1598 年在最後一次失敗中喪生。他在戰敗後逃往諾蓋人處尋求庇護，卻為其所殺害。[6]

天花（在西伯利亞部分地區一般被稱為「紅女巫」[7]）與其他疾病奪取了大量當地原住民的性命，而這也對俄國的進逼提供了助力。莫斯科的軍隊跨越了西伯利亞，進軍太平洋，如其所願地在各個戰略要地建立起要塞。俄國人於 1638 年抵達太平洋，並且於 1640 年代建立了鄂霍次克（Okhotsk）。而俄國殖民者則隨後跟進。葉尼塞河的吉爾吉斯人要麼為瓦剌的屬民，要麼則與他們爭奪對其他西伯

利亞民族的控制。他們最後的結局則是向俄國及瓦刺雙方
進貢。俄國人的推進只有在遇到滿洲人建立的大清帝國以
後才受到阻撓。

　　滿洲帝國源自於滿洲的女真人，而先前他們也曾建立
金朝。雖然他們並非草原民族，但是他們卻受到中亞政治
傳統的影響。努爾哈齊（Nurhaci）†是一位女真首領，並且
後來聯合了許多女真人。1616 年，他自立為汗，並且將國
號愛新（Aisin，意為金）作為其氏族名稱（愛新覺羅〔Aisin
Gioro〕，意為「黃金氏族」，這也讓人聯想到金朝與成吉
思汗家族的習慣）。其嗣子與繼承人皇太極（Hong Taiji）
降服了東蒙古與部分的北方漢人。⁸1635 年，他禁止使用「諸
申」（*Jurchen*）‡舊名，並且正式採用新發明的「滿洲」
（*Manchu*）一詞作為其民族之名稱。⁹其追隨者則是女真、
蒙古與漢人三者的複合體，當中有許多人同時具有雙重文
化背景。隔年，他自立為皇帝，並且建中式朝代名稱「清」，

---

† 　【譯註】亦譯為努爾哈赤。
‡ 　【譯註】一般認為是女真的同名異譯。

該字與「金」讀音相近。[†]

　　1644 年，在擊敗明朝並且鞏固對中國的統治後，滿洲
人即進軍蒙古、西伯利亞以及穆斯林中亞地區的邊境。而
俄國則從西伯利亞及草原西部向此地區接近。這兩個帝國在
西伯利亞碰頭。俄國尋求跟中國貿易；而清朝則追求北方
邊境的政治穩定。《尼布楚條約》（*Treaty of Nerchinsk*，
1689 年）[‡] 則著手處理邊界問題。[10] 令人好奇的是，雙方決
[110] 定以拉丁語為官方協商的語文。俄方的協商者有幾位通曉
拉丁文，而滿洲代表團隨行的耶穌會士則能流利使用拉丁
文。耶穌會傳教士與外交官自十六世紀以來就活躍於中國。
雙方使用蒙古語以進行未經授權的溝通。1727 年的《恰克
圖條約》（*Treaty of Kiakhta*）則確認了俄清邊界，並且約
定以位於色楞格河畔的恰克圖作為兩個帝國之間的邊界貿
易城市。[11]

† 　【譯註】正確來說，其國號應為大清（daicing）。
‡ 　【譯註】俄方稱《涅爾琴斯克條約》。

俄羅斯帝國從北面與西面封住了穆斯林中亞地區的邊
境。草原遊牧民猶存的障礙則是政治分裂。互相鬥爭的蒙
古派系越來越多地尋求莫斯科的援助以便對抗其內部敵人
與中國，而這也提供了俄國一個干涉中亞事務的管道。

蒙古的部族分化已經倍增。統一則極為短暫，並隨著
具有卡里斯瑪魅力的領袖而興衰。佛教提供了凝聚力的一
些成分。出身成吉思汗家族的阿勒坦汗（Altan Khan）§ 是
達延汗的眾多孫子之一。他重新復興了東蒙古，向中國、
西藏與瓦剌開戰，並且迫使後者不斷騷擾穆斯林突厥人所
控制的中亞。阿勒坦汗的進攻打到北京近郊，並使明朝為
之頭疼，因而進一步修築堡壘，產生了我們今日所知形式
的長城。[12] 阿勒坦汗最後在 1571 年與中國談和，而此舉則
提升了其地位，確認了他在眾多出身成吉思汗系的對手中
取得了令人妒忌的優勢位置。阿勒坦汗在其祖父眾多子孫
中的低微地位，使得他無法被正式承認為至尊的大汗。因
此他採取另一條道路，即：佛教。

§　【譯註】明朝稱之為俺答汗。

藏傳佛教在中國的蒙古人當中有許多信徒。當元朝覆亡時，蒙古佛教也隨之消逝。西藏如今又再度回到其自身君主的統治下，並且經歷了一場宗教復興。格魯派（*Gelugpa*，即黃帽）由改革者宗喀巴（Tsongkhapa）所創立，提倡由一位至尊喇嘛（即佛陀在世間的化身）來進行統治的概念。後來，西藏的僧人在蒙古當中進行宣教。

1571 年，隨著富有卡里斯瑪魅力的阿興喇嘛（Ashing）來訪，阿勒坦汗對佛教「忽然」開始產生興趣。阿勒坦汗將以金字書寫的信函，送交格魯派領袖索南嘉措（Sonam Gyatso），並邀請他前來蒙古，並且宣稱該喇嘛之「不動仁慈」應當澤被蒙古。[13] 在 1578 年雙方的會面中，阿勒坦汗奉上「達賴喇嘛」（*Dalai Lama*）尊號予索南嘉措，而該尊號出自蒙語 *dalai*（海洋、海），意指這位喇嘛或為「智慧之海」，抑或「普世」導師。他並且宣稱達賴喇嘛為 1419 年圓寂之宗喀巴轉世，並且為達賴喇嘛世系中的第三世。[14] 透過將達賴喇嘛與他自己的關係比擬為日月，阿勒 [111] 坦汗進一步宣布，「在前世中，達賴喇嘛為八思巴，而他自己則是忽必烈。」[15] 在這個機緣下，阿勒坦汗加強了格魯

派喇嘛在西藏的地位，並且也給予他自己的政權持久的正當性來源——透過宗教而強調自己與忽必烈汗的關係。在蒙古，以成吉思汗家族為基礎的統治與佛教如今會合在一起了。庫庫和屯（Kökeqota，意為「青城」，即今內蒙古首府呼和浩特）是阿勒坦汗所建立的城市，並作為其王室地位的象徵，後來也成為重要的佛教文化中心。

其他主要的成吉思汗系王公也很快就改信了佛教。後來，來訪的西藏僧侶認定阿勒坦汗的曾孫為四世達賴喇嘛，藏語名為雲丹嘉措（Yonten Gyatso）。另一位佛陀轉世，一世哲布尊丹巴呼圖克圖（*Jebtsundamba Khutughtu*，意為「神聖的聖人」，是授予最高神職人員的稱號）也以一位喀爾喀王公札那巴札爾（Zanabazar）的形式出現在蒙古。他成為形塑蒙古喇嘛教的重要人物，並於 1648 年建立了一座喇嘛廟。它後來成為庫倫（Urga）的基礎，即今日蒙古國的首都烏蘭巴托（Ulan Bator）。後繼的哲布尊丹巴呼圖克圖作為蒙古人的精神領袖，享有巨大的政經權力。衛拉

特人[†]較晚改信佛教，這是約於1620年在格魯派的衛拉特喇嘛咱雅班第達（Zaya Pandita）的努力下所達成的，他也改革了衛拉特字母，並且將一百七十七部藏文作品翻譯為蒙文。在達賴喇嘛的指示下，他不辭辛勞地在不同部落之間穿梭，試圖弘揚佛法與促進部族間的和平。

蒙古的佛教信徒企圖根除薩滿信仰，即所謂的「黑教」，並且停止以活人殉葬的習慣。當阿勒坦汗的某個幼子死後，其母想要讓百名幼童與幼駝殉葬以伴隨他到陰間。雖然這種為王室所作的獻祭在草原社會中自古有之，但當時蒙古社會對此已感到厭惡，而且避免了這場屠殺。而阿勒坦汗之妻則成了邪惡的象徵。當她於1585年去世時，達賴喇嘛前來為其屍首驅邪，據說其屍首變成了蜥蜴，後來並且遭到火化。[16]

隨之而來的是蒙古佛教的文化繁榮；蒙古學者翻譯了藏文經典，並且編纂了重要的史書，例如《蒙古黃金史》

---

† 【譯註】即前文中的瓦剌。

（*Altan Tobchi*）與《蒙古源流》（*Erdeni-yin Tobchi*）。
改宗佛教對蒙古社會造成了各個層面的影響。隨著喇嘛宣
稱他們為先前可汗的轉世，當下的可汗獲得了新的正當性
來源。平民在他們的帳房中擺放佛像並且在飲食前都會對
其進行奉獻。[17] 透過改信佛教，蒙古與周圍地區成為佛教之
宗教與文化領域的一部分，與中亞的突厥－波斯穆斯林地 [112]
區相當不同。而這改宗結果也確保了格魯派在西藏以及達
賴喇嘛作為精神與政治領袖之制度的優勢地位。他們依次
訓練與影響了許多蒙古菁英及行政管理者。在阿勒坦汗去
世後，家族宿怨與不斷增長的敵對可汗數量進一步使政治
權力分散。所謂「單一的蒙古民族」事實上已經變成許多 [113]
個，而這也為滿洲征服蒙古鋪平了道路。[18]

　　到了十七世紀中葉，穆斯林突厥－波斯地區的四周已
經被包圍：東邊是信奉佛教的蒙古人，南邊有敵對的莫臥
兒人，具有敵意的什葉派薩法維王朝擋住了西南邊，而信
奉基督教的莫斯科公國則出現在西北邊。昔班系的烏茲別
克汗國在缺乏一統上，正是蒙古世界的寫照。早期的烏茲 [114]
別克可汗相對有力，但就如同其位於蒙古的成吉思汗系親

莫斯科

歐洲

巴什基爾人

克里米亞

伏爾加河

奧倫堡

烏拉爾河

中玉茲

卡爾梅克人

哈薩克人

黑海

小玉茲

錫爾河

鄂圖曼帝國

諾蓋人

土庫曼

鹹海

塔什干

地中海

裏海

希瓦

布哈拉

撒馬爾罕

梅爾夫
(木鹿)

阿姆河

巴爾赫

非洲

波斯

紅海

中亞，十七與十八世紀

■ 希瓦汗國　■ 布哈拉汗國　□ 浩罕汗國

阿拉伯海

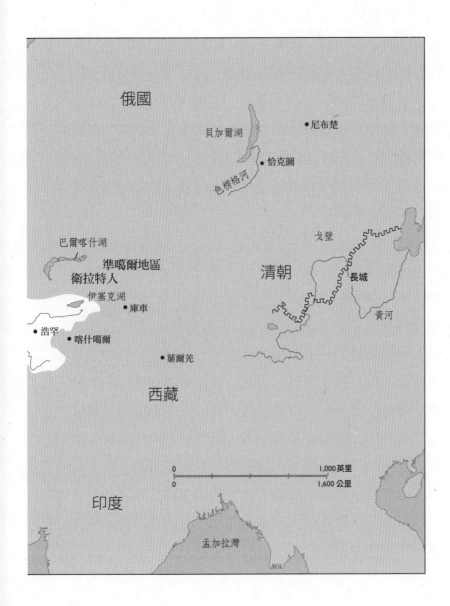

族，這是一個家族「事業」，而每個成員都想要自己的一塊領地。結果就是烏茲別克這個「國家」更像是個聯盟。每個昔班系的成員都有「蘇丹」的稱號與一處封地，而在封地上他則擁有實際上的主權。這些分化是汗國弱點最大的來源。可汗的統治並非透過法律──或軍力而達成，而更多是透過和地方顯貴（官員、氏族或宗教領袖）的勸說與合作而實現的。

　　早期的昔班尼王朝首都在撒馬爾罕、布哈拉、塔什干與巴爾赫（Balkh）。偶爾也會出現有力的君主。作為博學詩人與藝術贊助者，昔班尼汗的侄子烏拜都拉（'Ubaydullâh）一再擊敗薩法維王朝，將中亞河中地區奪回昔班系的掌握，還擊退了莫臥兒帝國於 1545 至 1547 年間的進攻，並且一直抑制其家族成員貪得無厭的衝動。阿卜杜拉二世（'Abdallâh II）於 1583 至 1598 年間統治布哈拉，即便有不忠的親族、反叛的烏茲別克首領，以及衛拉特人的侵掠，他仍舊能將大部分的國土納入其權威之下，並且征服了新疆與伊朗東部的領地，還縮減了烏茲別克軍事貴族的權力。他也熱心於經濟，並且規範貨幣、改善灌

溉系統。其商業利益包括了與恐怖伊凡接觸，而後者派了
一位英國人詹金生（Anthony Jenkinson）到布哈拉，以深
入瞭解中亞貿易事宜，並調查是否有辦法確保一條與中國
貿易的管道。這也標誌了俄國與該地區接觸的開始。在阿
卜杜拉二世死後，哈薩克人隨即入侵，並且得到部分烏茲
別克領袖的支持。但這遊牧民最後一次企圖征服中亞河中
地區之舉以受挫告終。

　　分化的力量開始發生作用。宗教體制的領袖謝赫伊
斯蘭（Shaykh ul-Islâm）行使著可觀的宗教、政治與經濟
權威。如納合什班底教團的謝赫等蘇非領袖，他們富裕且
免於納稅，並且作為可汗的精神導師而有巨大的影響力，
還插足政治。在無力的君主接連繼位的情況下，烏茲別克
將領面對來自薩法維王朝與哈薩克人漸增的國內威脅，
選擇擁護由阿卜杜拉二世的連襟札尼‧穆罕默德（Jânî
Muhammad）所領導的新王朝。他擁有來自阿斯特拉罕的
尤赤系血統，具備可接受的成吉思汗系的憑據以及與統治
家族的婚姻紐帶，這個紐帶可以追溯到數代以前。

　　札尼王朝一系（1599–1785 年）亦以脫凱帖木兒王朝（Toqay Temürids）或阿斯特拉罕王朝（Ashtarkhânids）之名為人所知。它一開始就不甚穩定，最終也證明了它比其前任要來得更加衰弱，它在烏茲別克部族、軍事將領，以及後來變成強大的封建領主的貴族當中也缺乏威信。蘇非與札尼王朝之間的聯盟也有所加強，而托缽僧（dervish）[115] 則成為其主要夥伴。自 1740 年伊朗的納迪爾沙赫（Nâdir Shâh）入侵之後，札尼王朝就未能恢復元氣。納迪爾沙赫在前一年即已攻陷莫臥兒王朝的德里。[†] 札尼王朝的末代君主們則多半是其來自烏茲別克曼格特部（Manghïts）之大臣（ataliq）的傀儡。這些出身曼格特部的大臣們已經作為實際統治者有一段時間了。他們於 1753 年開始自稱為埃米爾（amîr）[‡]。曼格特部的沙赫穆立德（Murâd）為可汗的女婿。1785 年，他結束了這場虛偽的傀儡遊戲，並且憑本身的權利進行統治。然而，由於他並非出身成吉思汗家族，他始終維持埃米爾的稱號，而非可汗，也因此他熱切地尋

---

† 【編按】關於納迪爾沙赫攻陷德里的史事，可參見：麥克‧安斯沃西，《伊朗：心智的帝國，從瑣羅亞斯德到今天的歷史》（廣場出版，2024 年），第五章。

‡ 【譯註】即前文的異密。

求宗教體制的支持以便取得正當性。

到了十八世紀晚期，烏茲別克國已分崩離析為三個分開的政權，而每個政權都由在當地立基的烏茲別克部族所建立的王朝所統治。這些部族的酋長原先都在當地衰微的成吉思汗家族下擔任大臣，後來再將大權據為己有。除了布哈拉的曼格特部以外，弘吉剌人（Qungrats）則統治了希瓦汗國（khanate of Khiva）。自十七世紀以來，希瓦一直是古代花剌子模地方的首府，並且於十八世紀初期從布哈拉處獲得了完全的獨立地位。1804 年，弘吉剌人的艾勒塔扎爾（Eltüzer）僭稱可汗。在費爾干納谷地，烏茲別克明格部族（Ming tribe）的大臣在建於十八世紀初期的浩罕城（Khoqand 或 Qoqan）成了實際上的統治者。愛里木（'Âlim）僭號稱汗，建立了浩罕汗國（1798–1876 年）。上述三個汗國全都由當地軍事酋長與有力的蘇非領袖所統治，而前者的正當性則須得到後者的正式認可。

文化的停滯伴隨著政治的碎片化而來。中亞的烏理瑪曾經是伊斯蘭教學問的中心，但後來陷入了僵化的法律主

義，而這點在本地的伊斯蘭世界中並不獨特。創新成了一個可恥的詞語。任何對傳統的背離都會被視為對基本宗教價值的侵犯。烏茲別克治下的中亞仍舊處於快速發展與日漸由歐洲所主宰的世界之邊緣。當歐洲著手進行海外帝國構建並且經歷了理性時代（Age of Reason）與啟蒙運動（Enlightenment）時，烏茲別克治下的中亞則面臨人才流失的問題，有才能的人都被高薪引誘去為印度的莫臥兒王朝效力了。

十六世紀由歐洲人所開通之前往東方與美洲的新海上路線，以及十七世紀的全球危機改變了全球商業的模式。前述的全球危機則包括了氣候變遷（小冰河期〔Little Ice Age〕）、饑荒、經濟蕭條、人口減少與不斷的政治動亂。學者長久以來視這些改變為造成中亞經濟邊緣化與智識停滯的原因。近年來的學術研究已經開始挑戰這種觀點。

[116] 中亞仍舊是世界貿易體系的一部分，但是在商品與路線上則有所改變。商品的流動更多是南北向而非東西向。中亞變成俄國前往中國的主要連結——雖然十七世紀晚期

也開始探索更加北邊的路線，並且斷絕與一些中亞買辦的來往。印度商人形塑了一個連結印度、中國、伊朗、阿富汗與中亞的網絡。前往印度的商隊可以達到有四萬頭載貨牲畜之多。其最終目的地也許並沒有那麼遠。雖然絲綢與香料仍然在珍貴的路徑上運送，但對奢侈品的注重也不如以往。奴隸交易則大為流行。自古以來馬匹交易一直都很重要。莫臥兒治下的印度在奧朗則布皇帝（Aurangzîb）的領導下，每年從布哈拉與阿富汗進口十萬匹馬。布哈拉也出口牲畜與水果（主要是瓜類與葡萄）到南亞。宗教上的敵意並不妨礙與什葉派的伊朗和基督教的莫斯科公國進行貿易。布哈拉的商人會攜帶當地特產（從生絲到牲畜都有）以及來自西伯利亞（如毛皮）、中國與印度的產品。中亞作為商業路徑仍舊持續運作。[19]

　　但是在某些地區，也存在經濟重組導致衰微和人口損失的情形。在火藥時代中，遊牧民大多處於落後與不利地位。他們沒有做好準備，無法面對技術迅速進展的挑戰，也缺乏迎接創新的正面心態。類似的問題在整個大突厥－穆斯林世界中也十分顯著。在經歷了從征服王朝到科層制

國家的轉變後，鄂圖曼、伊朗與莫臥兒帝國都在努力應付歐洲侵略，以及經濟與政軍地景改變的挑戰。歐洲的前哨與殖民地如今在亞洲與美洲星羅棋布。對於中亞來說，直接的威脅則來自於俄國與清朝。

　　哈薩克位於俄國推進道路上的要衝。與其他的成吉思汗系政體一樣，政治分裂也困擾著哈薩克人。與烏茲別克人不同的是，哈薩克人留在草原上，未能確保重要的都市基地。可汗試圖對其屬民施加更嚴厲的權威，而對於過度嚴厲的統治者，其屬民則將其廢黜或做壁上觀。宗教原先是具有潛在一統力量的因素，如今其重要性也已失色。哈薩克可汗與蘇非教團有著緊密連結，而蘇非教團則試著增強伊斯蘭教在遊牧民中的力量——但通常只獲得了表面的成功。列夫辛（Aleksei I. Levshin）是一位俄國旅行家與民族誌學者，他於 1820 年代旅經哈薩克人的地方。他表示當他詢問哈薩克人「他們的宗教為何？」他們多半會回答「我們不知道」。[20] 今日，部分現代學者質疑列夫辛說法的準確性。許多哈薩克人會將伊斯蘭教與薩滿信仰弄混，而他們這麼做已維持了數個世紀之久。[21]

　　根據廣為流傳的傳統，哈克・納扎爾汗（Haqq Nazar [117]
Khan）在位時（他在 1580 年時遭到暗殺），哈薩克人分裂
為三個集團：位於七河地區的大玉茲、地處哈薩克中部與
西伯利亞西南部的中玉茲，以及哈薩克西部的小玉茲。這
些名稱意指它們各自的長幼順序。即便遇到挫折，哈薩克
人偶爾也將勢力延伸至吉爾吉斯人、諾蓋人（同樣苦於內
部分裂）與巴什基爾人之中。到了十七世紀初期，哈薩克
人發現他們已被敵人所包圍，特別是衛拉特人。

　　難纏的衛拉特人也同樣面對來自各方的壓力。哈喇忽
剌（Khara Khula）試圖統一衛拉特人的努力迫使其中一
群土爾扈特人（Torghuts）與其決裂。1620 年代，在和鄂
爾勒克（Khô Örlökh）汗的率領下，約有二十萬至二十五
萬土爾扈特人從準噶爾盆地（Jungarian basin）遷往烏拉
爾河，後來並進入跨伏爾加－裏海大草原（trans-Volga-
Caspian steppes），掠奪他們所經過的俄羅斯、哈薩克與
諾蓋人的土地。其他對於在東方發展中的政治秩序不滿的
衛拉特人也加入其行列。這些西衛拉特人則更以卡爾梅克
人（Kalmyks）之名而為人所知。雖然和鄂爾勒克戰死在

北高加索，其子書庫爾岱青（Shikür-Daiching）與朋楚克
（Puntsog）在親族的對立與東面衛拉特人的壓力下，仍舊
持續向西推進，最終在 1650 年代於伏爾加河下游地區站穩
腳跟。這也是卡爾梅克人建國的標誌，一個位於伏爾加河
區域的佛教強權。

　　莫斯科試圖利用信奉佛教的卡爾梅克人來對抗信奉伊
斯蘭教的克里米亞韃靼人與諾蓋人，後兩者都對俄國邊疆
造成威脅。1655 年，卡爾梅克人向俄國沙皇宣誓效忠，但
是雙方對這個協議有著不同的理解。俄方視卡爾梅克人為
沙皇執戈且呼之即來的「臣屬」；而卡爾梅克人則視自己
為俄方的「盟友」。到了 1660 年代，莫斯科已經成為卡爾
梅克人的主要夥伴。越來越多的團體從東方而來加入阿玉
奇汗（Ayuki Khan）的麾下，他在俄國的支持下，成為卡
爾梅克人的最高統治者。莫斯科提供了火藥槍炮，使其軍
隊成為更加有效的挺俄軍力，以對抗克里米亞韃靼人（以
及後者之統治者，即更加遙遠的鄂圖曼帝國）還有其他草
原敵人。

在東方，衛拉特準噶爾部（源自蒙語 *jüünghar*，軍隊
的「左翼」[22]）則建立了一個帝國。在他們所占據的準噶爾
地區（位於新疆的天山北路），其現代名稱即得名於該民
族。準噶爾領袖巴圖爾琿台吉（Baatur Khungtaiji）將始於
其父哈喇忽剌的政治一統計畫延續下去。1635 年與俄羅斯
簽訂的條約則擴大了貿易機會並且提升了他的威望。他從
五世達賴喇嘛處獲得了「額爾德尼巴圖爾琿台吉」（*Erdeni
Baatur Khungtaiji*）的稱號，而這也提升了準噶爾的名望。

巴圖爾琿台吉參與了 1640 年的蒙古－衛拉特會盟 [118]
（*quriltai*），而其召開的原因則是為了緩解蒙古人彼
此之間的敵意。這次會盟訂立了《蒙古－衛拉特法典》
（*Mongol-Oirat Code*），它加強了汗權，並且將佛教定為
全蒙古人的宗教，也許是希望藉此能夠一統難纏棘手的蒙
古人。這部法典賦予了喇嘛特權，並且處罰邀請薩滿到家
中的人。凡十人之家須出一人為喇嘛。確實，巴圖爾琿台
吉也將其九子之一的噶爾丹（Galdan）送去西藏學習佛法。
這部法典也有許多關於私生活的規定，並獎勵人口增長。
年輕女性被期待於十五歲或滿十五歲不久後結婚，而一年

每十戶必須有四戶結婚。與舊習相符的是，允許人們將被
殺死的敵人之妻納為己妻。[23]

噶爾丹於 1670 年自西藏學習返家，並獲得達賴喇嘛的
堅定支持，他並且授予噶爾丹「博碩克圖汗」（*Boshughtu
Khan*，意為天命汗）的稱號，這也為他的稱帝野心提供
了意識形態上的支持。由於準噶爾的君主並非成吉思汗家
族的成員，他們對於稱汗一事裹足不前。而這個尊號為噶
爾丹的帝王地位提供了正當性，同時在他與俄國和清朝的
通信中也承認了其地位。然而，在家鄉，噶爾丹的侄兒策
妄阿拉布坦（Tsewang Rabtan）不斷挑戰他的統治。策妄
阿拉布坦之未婚妻被噶爾丹所奪，且他後來以「琿台吉」
（*khungtaiji*）之號統治準噶爾。但是噶爾丹如今擁有加農
炮（其技術來自俄國），並且以駱駝運輸之。他成功使準
噶爾成為中亞的強權之一，並且將西藏與新疆（1677–1678
年）納入其勢力範圍內，同時威脅著東方的喀爾喀蒙古。

俄羅斯、清朝與準噶爾這三個帝國焦急地想刺探彼此
的情報。一位清朝的將軍奏報道，噶爾丹「為人凶惡，耽

於酒色」，[24] 但希望能用他來維持那些尚未歸順清朝之蒙古人的秩序。而清朝則給予他貿易權作為回報，這種事在草原世界中總能提升一位領袖的地位。俄國人也同樣給予他貿易權，並一再強調他必須為沙皇效勞，但是避開了他想將俄國拉攏進其反清聯盟當中的企圖。

準噶爾人在伊犁河（Ili River）邊的固勒扎（Kulja）[†]建立了城鎮中心，帶來了東突厥斯坦的農民（後來以塔蘭奇人〔Taranchi〕為人所知，意即「農夫」）以耕種作物，並且吸引歐洲與中國的技師前來。噶爾丹所建立的定居基地、徵稅制度、錢幣，以及武器工業（製造火藥、盔甲與手持武器）等，顯示他的體制並非轉瞬即逝的草原組織，而是具有帝國野心的國家。[25] 其喇嘛間諜網絡則努力去贏得清朝治下之蒙古人的支持。

噶爾丹的擴張主義對其鄰國造成了麻煩。其蒙古敵人有許多原先並未加入滿洲人的政權，但後來卻改變心意投

† 　【譯註】又稱寧遠，即今日的新疆伊寧市。

靠他們，新疆的穆斯林也是如此。1690年，清朝的康熙皇帝（1661至1722年在位）命其將領將噶爾丹「一舉永清，勿留餘孽」。[26]1696年，約計四十萬人的清朝大軍給予他壓倒性的一擊。幾近餓死並且日日失去追隨者的噶爾丹則死於隔年，死因可能是正常原因——或是遭到毒死。他的屍首則被火化。清朝的報告則稱他是自殺，以毀損其名譽。清朝捉到了他的一個兒子，並且將其公開處決。在經過討價還價後，策妄阿拉布坦將其叔叔的頭顱和骨灰交給清朝，而這些都在1698年被清朝在北京以儀式性的方式所摧毀[†]——這也是給那些膽敢對抗清朝者的警訊。

在策妄阿拉布坦的統治下，準噶爾仍舊是一個威脅，也是在清朝邊境唯一獨立的蒙古君主。他的稱帝野心逼得其鄰國接受俄國或清朝的保護。1717至18年間準噶爾對西藏的蹂躪使得格魯派倒向清朝。1720年，西藏進入了清朝的勢力範圍。在康熙過世後，策妄阿拉布坦對哈薩克人發[120]動了毀滅性的掠奪，後者頓時發現自己身陷卡爾梅克人與

---

† 【譯註】即「挫骨揚灰」，並將其骸骨「懸諸國門」。

準噶爾人之間。哈薩克人傳統上稱 1723 至 26 年間的時代為「大災難」（*Aqtaban Shubïrïndï*，字面意義為「被迫赤腳逃亡」），這是一場大逃亡，而嚴酷的天氣加上饑荒則雪上加霜，約有三分之二的人口死亡。出逃的哈薩克人大批湧入了烏茲別克人的土地；其他的則逃往俄國與卡爾梅克的邊界。

1731 年，哈薩克小玉茲的阿布勒海爾汗（Abu'l-khayr）試圖與卡爾梅克人抗衡，而接受了俄羅斯的保護。中玉茲（1740 年）與大玉茲（1742 年）則隨後加入。這段關係被視為一種暫時的政治謀略，且並未帶來和平或安全。毋寧說，這標示了俄國直接控制哈薩克草原的開始。這場哈薩克、吉爾吉斯和其他中亞突厥民族對抗準噶爾與卡爾梅克人的世紀鬥爭也保留在史詩敘事當中，而且至今仍被傳唱，例如流傳於幾近所有中亞的突厥穆斯林民族中的《阿爾帕梅斯》故事（*Alpamïsh* tale），以及吉爾吉斯人的民族史詩《瑪納斯》故事（*Manas* tale）。

1757 年，滿洲人擊敗了策妄阿拉布坦的孫子阿睦爾撒

納（Amursana），終結了準噶爾的威脅。阿睦爾撒納逃往
俄屬西伯利亞，最後染上天花，死於當地，天花後來也摧
殘了全體衛拉特人。準噶爾地區也落入了滿洲人的手裡。
最後的遊牧帝國業已崩潰，也是內部分裂與清朝武器下的
受害者。

清朝對於最靠近其勢力範圍的蒙古人較能直接控制，
並且將他們劃分為後來的內蒙古與外蒙古。藏傳佛教文明
持續在蒙古社會中散播，提供了超越成吉思汗系帝國傳統
的共同文化與宗教認同。它也是一種抵抗中國拉力的工具，
否則這種拉力有可能反過來將蒙古人同化。

有些卡爾梅克人對於俄國干涉其內部事務的做法日益
不滿，而決定於 1771 年回到準噶爾故土，如今當地已落入
滿洲人的控制。位於伏爾加河以西的卡爾梅克人留在該地，
並且受到俄國更加緊密的掌控。其他人則踏上艱鉅的回鄉
之路，朝新疆邁進，且受到哈薩克人與其他民族的反覆襲
擊。

　　迅速擴張的俄羅斯與大清帝國如今矗立於哈薩克人
的兩端，而後者則在兩大帝國中間努力掙扎。對俄國統治
的不滿導致哈薩克人加入了 1770 年代中期由葉梅利揚‧
普加喬夫（Emelian Pugachov）所領導之對抗凱薩琳大帝
（Catherine the Great）† 的起義。西里姆‧巴提爾（Sïrïm
Batïr）則領導哈薩克人起來反抗其可汗與貴族，因為他們
被認為對俄國人過於甘心順從。他後來死於流放到希瓦的
路上，於 1797 年遭到毒殺，但是其運動顯示哈薩克的中央
威信已經式微。如今選任哈薩克可汗的決定權已操縱在俄
國人手中。

　　吉爾吉斯人——作為不同哈薩克、烏茲別克與蒙兀兒　[121]
斯坦可汗之鄰居、盟友、屬民或敵人——則受到非成吉思
汗家族所統治。《拉失德史》稱他們為「異教徒」以及「所
有蒙兀兒斯坦動亂的製造者」。[27] 十七世紀的馬合木‧本‧
外里（Mahmûd ibn Walî）描述他們仍舊崇拜偶像，這在
伊斯蘭教中是極為嚴重的罪，因此他們「並非真正的穆斯

† 　【譯註】即葉卡捷琳娜二世。

林」。[28] 伊斯蘭教來得緩慢，而且長期以來對他們而言並不
完美。但是，他們常常涉入新疆政治，而當地如今已信奉
伊斯蘭教。

　　十六世紀初期，一位有力的納合什班底教團謝赫伊斯
哈克・瓦里（Ishâq Walî）[†]來到了「六城」地區（Altïshahr，
意指喀什噶爾、和闐、葉爾羌、吐魯番、英吉沙爾〔Yangi
Hissar〕、阿克蘇〔Aksu〕六座城市）。其兄之子瑪木特・
玉素布（Muhammad Yûsuf）則稍晚才抵達。[‡]他們聲稱具
有先知穆罕默德的血統。在當地，屬於該世系者被稱為「和
卓」（khoja），該詞也用來稱呼最早的四大哈里發與先知
穆罕默德伴當的後裔，或是更世俗而言，則指「老師、長
者、官員」。後來，這些「大師」的後裔彼此競爭，為了
權勢而互相攻擊。瑪木特・玉素布一派，在其子伊達雅圖
勒拉（Hidâyat Allâh）[§]率領之下逃往準噶爾可汗噶爾丹處
尋求庇護。隨著1678年準噶爾征服了穆斯林的東突厥斯坦，

† 　【譯註】後為清代回部黑山派領袖。
‡ 　【譯註】原文將瑪木特・玉素布誤植為伊斯哈克・瓦里之兄弟，此處已改正。
§ 　【譯註】即阿帕克和卓，後為清代回部白山派領袖。

他成為當地的統治者。這些對立的和卓們持續仇殺，每個派別背後都有吉爾吉斯部族的支持。清朝在 1757 年摧毀了準噶爾帝國後，一開始希望利用和卓來對喀什噶爾地區（Kashgharia）採取間接統治。但穆斯林的抵抗迫使清朝在兩年後征服了該地區。他們使喀什噶爾地區成為藩部。滿洲昂邦（*amban*）¶駐紮在城市與較為重要的城鎮中，而在伊犁則設置將軍一員。大半的中亞地區落入了俄羅斯與清朝的統治下。

¶　【譯註】意為大臣。

第九章

現代性的問題

THE PROBLEMS OF MODERNITY

[122]　　十九世紀初期，中亞在政治上分裂且罕為外人所知，並且面對著清朝衰微與俄羅斯帝國的快速擴張。英國旅行家常常是英俄在中亞對抗之「大博弈」（the Great Game）的參與者。而在他們的報告中，中亞被描寫為一塊貧瘠的土地。十九世紀的英國上尉約翰‧毛柏瑞‧塔勞特（John Moubray Trotter）是一位旅行家與作家。他評論布哈拉埃米爾國（amîrate of Bukhara）時，提到該國的「不到十分之一的土地有定居人口」，或「適合耕種」。遊牧民人口眾多，且沙子侵蝕了所有的東西，留下來的只有「荒廢的居所」。¹低人口密度也增強了衰頹的印象。十九世紀中葉，蒙古大約有五十萬名居民，疾病與入寺修行把許多年輕男子從生育行列中帶離。到了二十世紀初，俄屬中亞大概有一千一百萬到一千二百萬人口。不良的生活條件導致了死亡率居高不下。

　　中亞人民對外界的知識則各不相同。英國軍官亞歷山大‧伯恩斯（Alexander Burnes）曾在 1830 年代初期在布哈拉的「首相」（*Qush Begi*）那裡待了三年。這位首相瞭解「歐洲風俗與政治」並且對俄國「所知甚多」。²另

一位英國軍官弗雷德里克‧古斯塔夫‧伯納比（Frederick
G. Burnaby）於 1875 年則發現希瓦的可汗「非常仁慈」，
並且意識到英俄之間的對立，但不確定英國與德國是否為
同一「民族」（nation）。[3] 希瓦以其無法無天而聲名狼
藉，另外它也以作為奴隸交易中心而惡名昭彰。軍事技術
的發展也相對落後。美國外交家尤金‧斯凱勒（Eugene
Schuyler）1873 年就報導過，浩罕在為其俄國來福槍「製
造彈藥上存在極大的問題」，並且對其俄式火炮系統的要
求也「尚未完全熟悉」。[4]

　　布哈拉的曼格特部埃米爾為了補償其缺乏成吉思汗家
族的統治資格，因而嚴格推行公開的宗教禮儀，也為其博
得了宗教狂熱的聲名。事實上，就如斯凱勒所觀察到的，
不計「毛拉（mullah）與托缽僧（dervish）」的話，大多
數的人只有在公開場合才表現出對宗教虔誠的樣子，但是 [123]
私底下則會「犯下許多罪行，如果他們認為沒有人知情的
話」。[5] 伯恩斯讚揚其穆斯林旅伴的宗教寬容與「良好交
情」，[6] 但是在布哈拉，他必須穿著能標示他不是穆斯林的
衣服，而且不能「在城牆以內的市區騎馬」，因為這是專

屬於穆斯林的權利。只有部分公共浴池開放給非穆斯林，
因為烏理瑪宣稱池水會被女人和非穆斯林的入浴所「汙染」
而變成鮮血。曾經馳名的布哈拉學校在腐朽的神學中失去
了活力。布哈拉的志願軍有一萬三千名步兵、五百名騎兵
與六百二十名炮兵，但裝備都很落後，薪水微薄，而且大
部分都從事其他勾當。這也對當地居民造成威脅，他們如
果在夜間冒險出門的話可能會被逮捕。

作為中亞汗國中最大的浩罕對中國不時進行掠奪與貿

[124] 易，並提供避難處給那些在中國鼓吹聖戰的和卓。布哈拉、
希瓦與浩罕彼此之間爭戰不休，另外也跟伊朗和哈薩克人
作戰。他們全都活捉俘虜，而這些俘虜最後都出現在布哈拉
的奴隸市場上。據稱「四分之三」的布哈拉人口有「奴隸
血統」。[7]烏茲別克汗國南部，艾哈邁德・杜蘭尼汗（Ahmad
Durrânî Khan）是來自赫拉特地區的普什圖人（Pushtun）
首領。他利用征服與外交將普什圖人、塔吉克人、烏茲別
克人、土庫曼人與蒙古人聚攏為一個不安定的混合，並創

266

造了現代的阿富汗。† 而英國人則視阿富汗為俄國對印度之
野心的緩衝區。

在草原上，哈薩克人每年出口約一百五十萬頭羊與
十萬匹馬，並且追求貿易與政治的機動性，因而同時成為
俄國與清朝的屬民。1801 年，其長年暴躁易怒的成吉思
汗系成員創立了第四個玉茲，領導者為布克依汗（Bökey
Khan），其位置在靠近伏爾加河與烏拉爾河之間的「兩河
流域」。俄羅斯帝國則日日寸寸進逼，而它也是新政治與
經濟結盟的先驅。

雖然十八世紀初期彼得大帝征服中亞河中地區的企圖
遭遇了災難性的結局，隨著 1740 年征服了位於烏拉爾區域
的巴什基爾地區（Bashkiria）以後，俄國的要塞線即推進
到草原地區。俄國此舉是對遊牧民掠奪奴隸的回應，這也
是它真正的顧慮，但是俄國也試圖成為陸上貿易的中間人。

† 【編按】關於艾哈邁德・杜蘭尼汗創建阿富汗的史事，可參見：塔米・安薩里，《沒有規
則的競賽：阿富汗屢遭阻斷，卻仍不斷展開的歷史》（廣場出版，2024 年），第一章及第
二章。

而突厥斯坦擁有大量黃金蘊藏的報告則引起它更進一步的
興趣。

　　凱薩琳大帝改變了先前的反伊斯蘭教政策。其前任沙
皇伊莉莎白摧毀了喀山區內五百三十六座清真寺中的四百
一十八座，並且禁止傳布伊斯蘭教。[8] 凱薩琳大帝試圖將所
有的宗教置於更廣大的國家控制之下，因而給予穆斯林被
寬容對待的少數民族地位，並且於 1788 年創建了穆斯林宗
教會議（Muslim Spiritual Assembly）以管理其宗教生活。
她允許穆斯林的學校重新開放，但是穆斯林則謹防其機構
受到一個基督教國家的控制。俄國將流行於草原與烏茲別
克城市的伊斯蘭教區分對待，他們相信前者充滿了薩滿信
仰的成分，而後者則被認為是宗教狂熱的溫床。凱薩琳大
帝將伊斯蘭教視為一種「開化」的工具，它首先可以使哈
薩克人成為良好的穆斯林，接著變成良好的公民，最終成
為良好的基督徒。她利用其臣民韃靼人作為教師，去宣揚
一種更加「正確」的伊斯蘭教，因為這批人能夠在遊牧民
中遊歷，而且能說他們的語言。在將一種更加嚴密遵循傳
統穆斯林習慣的伊斯蘭教移植到草原這點上，韃靼人發揮

了重要作用。

1822 至 1848 年間，俄國兼併了所有的哈薩克玉茲，剝奪了所有可汗的權力，並且將部族置於不同的州與領地管理體系下。動亂隨之而來，間或在希瓦與浩罕發動，因為有些部族或多或少在他們的管轄之下。1853 年，俄國將 [125]
軍佩羅夫斯基（Perovskii）攻下了浩罕的堡壘阿克麥吉特（Aq Mechit）。在後來的三十年內，俄國在遭遇少數阻礙下持續推進。鄰近的吉爾吉斯部族受到浩罕的苛政刺激之下，向俄國請願，希望能納入其統治之下。1865 年，切爾尼亞耶夫（M. G. Cherniaev）將軍受到部分塔什干商人的擁俄態度所鼓舞，在沒有得到俄國政府的命令下，攻陷了由浩罕所控制的塔什干。俄國政府並不想挑釁英國，因為後者向來對俄國入侵印度保持警惕。不過它仍然召回了切爾尼亞耶夫，並頒贈勳章給他，而且最重要的是，它保留了塔什干。

1868 年，新上任的突厥斯坦（即自 1853 年以來所征服的中亞領地）總督考夫曼（P. K. von Kaufman）將軍

把浩罕汗國的可汗胡德亞爾（Khudâyâr）的權力限縮至僅僅略優於俄國附庸的程度。布哈拉的埃米爾穆扎法爾丁（Muzaffar ad-Dîn）因同時面對國內的敵人，以致其軍隊慘敗給俄軍，並且接受俄方提出的條約。布哈拉於 1868 年 6 月成為俄國的保護國，只是俄國不願意引發宗教戰爭，因此布哈拉得以免去遭徹底併吞。阿卜杜勒・阿齊茲・薩米（'Abd al-'Azîz Sâmî）是一位十九世紀末與二十世紀初的布哈拉史家。他將布哈拉的崩潰歸因於道德淪喪，而這表現在不公正的統治和狂熱的烏理瑪（伊斯蘭教的宗教權威）之上。他堅稱（布哈拉的）軍隊腐敗至極，而且多半由「盜賊、賭徒、醉漢，當中有的瘋瘋癲癲、其他的則瘸腿目盲，且連一發槍聲未曾聽過的人」所組成。[9] 希瓦汗國於 1873 年成為俄國的保護國。浩罕則在 1876 年被直接併吞。在每個例子當中，如薩米等當地的編年史家已經清楚說明，地方菁英的苛政與墮落在這些汗國滅亡當中所起的重要作用，絲毫不低於俄國武器的威力。而最後一個土庫曼人的中心梅爾夫（Merv，也讀作馬魯〔Mary〕）則於 1884 年被併吞，並讓俄國與伊朗、阿富汗的邊界接壤。俄國的軍隊很快就跨入了阿富汗，並使英國大為驚駭。

　　俄國就如同其他帝國主義霸權一般，宣稱自己有「開
化使命」，要將文明帶給這些蒙昧的「原住民」。而俄國
取得這塊約與西歐同等大小的領土所耗費的成本，則相對
輕微。也許有一千人在實際戰鬥過程中犧牲。而中亞一方
的損失則大得多。俄國將軍面對的是弱小而分裂的對手，
同時又享有技術與數量上的優勢。到了十九世紀末，俄國
已擁有約兩千萬穆斯林臣民，比鄂圖曼帝國的穆斯林人口
還要多。俄國政府對於這些新獲穆斯林人口的忠誠度並不
確定──如同它對其信奉非東正教與猶太教的臣民一般。[10]

　　在清朝統治的中亞東部，事情的發展則有些不同。內 [126]
蒙古面對大批漢人小農的殖民。漢商則控制了蒙古全境的
經濟。都市發展並不充分。庫倫的居民大概有七千人，多
數住在帳房當中。僧侶則是為數不少的少數。文化差異、
經濟競爭與剝削造成了蒙漢之間的敵意。喇嘛教在保護蒙
古認同上起了關鍵作用。部分蒙古王公居住在戈壁以北，
也因此得以跟清朝的直接控制保持某種距離。他們並且利
用俄國人來抗衡中國。

　　明顯的文化與宗教差異將穆斯林的新疆與其清朝君主區分開來。1825 至 1857 年間，喀什噶爾地區爆發了動亂，多由和卓自己或以其名義所領導，而他們自身內部又苦於致命的派系對立。一位哈薩克學者與俄國軍官喬罕‧瓦里漢諾夫（Choqan Valikhanov）於 1858 年描述了這場發生在喀什噶爾的混亂。清軍攻陷了這座城市，擄走了婦女，並且以「具儀式性且可怕的緩慢速度」執行處決。[11] 被處決者的骨骸被置於城門之外示眾。

　　在其他地方，直到 1850 年代以前，情況尚稱平靜。沉重的稅捐與清朝的苛政導致了東干人（一種對中國回民的稱呼）的起義，而且擁有共同信仰的突厥人也依樣起來造反。新疆分解為一層層瘋狂的地方對抗與反清運動。當清朝的掌控力下降，一名浩罕的將軍阿古柏（Ya'qûb Beg）奪取了該地區的大部分，並且尋求與俄國和英國建立外交貿易關係。倫敦承認了他的「埃米爾國」。俄國利用這個情況，於 1871 年奪取了伊犁河谷。當 1877 年阿古柏過世後，他的「埃米爾國」也隨之崩潰，而清朝出人意表地重建了其權威。而俄清之間的領土爭執則在 1881 年獲得解決。

清朝決心要對新疆進行更為嚴密的控制，而於1884年將東突厥斯坦與準噶爾地區建為行省。此後，新疆省（意即「新的邊疆」）就受到清朝官員的直接掌控。

俄國人對於如何治理他們新贏得的中亞領地一事上缺乏整體的大計畫。在總督區（General Governorate）內，人口仍舊由傳統領袖所管理。俄國的行政體制在運作時則盡可能保持距離，希望能夠減少治理的成本以及與當地伊斯蘭教感情起摩擦的機會。考夫曼將軍堅稱伊斯蘭教應當被忽略不計，而且認為在缺乏國家支持之下，伊斯蘭教將會消逝。認為這些似乎並不虔誠的遊牧民將會被俄羅斯化並且最終都會被基督教化的盤算，被證明是錯誤的。在十九世紀後半葉，伊斯蘭教在哈薩克人的生活所起的作用愈發 [127]增長，並成為其認同的重要來源之一。

俄國人試圖讓中亞人保持分裂與封閉，免於受到像民主之類的「有害」現代化思想所影響。與其他非俄羅斯族群的屬民不同，他們不能被徵召入伍當兵——因為在軍中 [128]他們也會習得現代戰爭與武器的知識。沙皇專制政府希望

俄國統治下的中亞,二十世紀初期

草原總督區
突厥斯坦總督區
保護國
烏拉爾斯克與圖爾蓋兩州

西伯利亞

俄國

阿克莫林斯克州

塞米巴拉金斯克州

烏拉爾斯克州

圖爾蓋州

草原總督區

巴爾喀什湖

鹹海

錫爾河州

突厥斯坦總督區

七河州

希瓦汗國 ●希瓦

塔什干

費爾干納州

裏海

外裏海州

布哈拉 ●

撒馬爾罕

新疆
(清朝治下)

●阿什哈巴特

布哈拉
埃米爾國

撒馬爾罕州

伊朗

阿富汗

印度

西藏

0   400英里

0   600公里

其核心領地在 1898 年重組，包括兩大總督區：草原總督區（由阿克莫林斯克〔Akmolinsk〕、塞米巴拉金斯克〔Semipalatinsk〕兩州所組成）與突厥斯坦總督區（由錫爾河〔Syr Darya〕、七河〔Semirech'e〕、費爾干納〔Fergana〕、撒馬爾罕〔Samarkand〕與外裏海〔Transcaspia〕五州所組成），以及布哈拉與希瓦兩個保護國。奧倫堡（Orenburg）總督區則管理其餘的哈薩克草原區（烏拉爾斯克〔Ural'sk〕與圖爾蓋〔Turgay〕兩州）。

能避免這種改變，故常常和較為保守的菁英分子和烏理瑪為同路人。後者甚至拒絕改善公共衛生與清潔的意圖，因為它們是來自異教徒的東西。這些政策使得落後長久存在。

俄國試圖榨取天然資源，並且讓「當地土著」對此保持沉默。俄羅斯人與其他來自俄羅斯帝國歐洲地區的人大多為官員和技術工人，居住在那些從較老的「土著」城鎮發展起來的城市裡。考夫曼則想要懂得當地語言和習俗的行政官員。科學家、民族誌學家與畫家隊伍來到當地為「土著」、植物群與動物群分類編目。要挑選出不同的小集團是一件艱難的任務，但這對於帝國管理而言是極為重要的。個體常有宗教、氏族、部族與族群等許多層次的身分認同，而他們如何回答問題則取決於他們對發問者的背景聯繫有何感知。

這些新征服與兼併的民族被命名為「異族人」（inorodtsy），他們是俄國屬民但非公民。沙俄的政策保留了伊斯蘭教法（Sharî'ah）與習慣法（'Adat）──只要它們不與政府的政策相抵觸。在有都市伊斯蘭教長久歷史

的突厥斯坦總督區內，政府維持其良性忽略宗教事務的政
策。但是 1885 年以後開始出現反抗俄國統治的起義——通
常由蘇非所領導。然而在草原總督區內，國家資助並意圖
管理穆斯林機構。在嘗試使遊牧民成為可靠的納稅人並且
鼓勵他們定居時，政府則持續侵占他們最好的草場。它開
放了這些「國有」土地給農業殖民者，主要是哥薩克人、
俄羅斯人與烏克蘭人，但也有來自新疆的團體：塔蘭奇人
（Taranchi）[†] 與東干人。大規模殖民始於 1890 年代。1896
至 1916 年間，超過一百萬名殖民者占據了這塊土地的五分
之一。到了 1914 年，俄羅斯人已占哈薩克三到四成的人口。
突厥斯坦單單在 1916 年就接收了約三十三萬六千名移民。

隨著全世界對於棉花的需求增長，具有長久栽種棉花
歷史的突厥斯坦成為「俄國的大型棉花種植場」。[12]中亞
逐漸增強的單一作物經濟使其依賴全球價格的起伏。工業
化迫使傳統工匠與技工與機器製造的產品進行不平等的競
爭。沙皇政府對中亞的掌握隨著其經濟重要性的成長而逐

† 【譯註】指來自塔里木盆地的維吾爾農民。

漸嚴格。鐵路將全球經濟直接帶入中亞。塔什干的人口從 [129]
1877 年的十二萬名居民（根據尤金・斯凱勒的估算）成長
到 1910 年的俄國普查時的二十三萬四千名。[13] 外來觀察家
認為是俄國提供了當地較先前所知來得安全的環境。與俄
國的擴大接觸和現代化的穆斯林（伏爾加韃靼人）重鑄了
中亞的文化與智識世界。無法適應新秩序的傳統領袖則逐
漸消逝。

　　在中亞所發生的改革與更新是一個更大的穆斯林復興
與針對歐洲威脅之反應的一部分。它的推進經過了幾個階
段，宗教與文化更新、教育改革，以及最後之民族意識的
出現，即民族主義。其中有幾股改變的潮流。賽萊菲運動
（Salafiyya movement，阿拉伯文為 *salaf*，意為祖先、前輩）
強調回到早期的穆斯林價值與習慣——通常被詮釋為基本
教義派對所有革新的拒斥。其他人則主張穆斯林必須獲取
現代技術，並且塑造一種文化，它既能適應傳統宗教與社
會價值，而同時又能在工業世界中完全運作。那指的是一
種現代的世俗教育。與其他的穆斯林世界一樣，在中亞的
學校一直以來都具有宗教取向。

在突厥斯坦，考夫曼的良性忽略宗教事務政策希望被
忽視的穆斯林教育系統能夠就這麼消失。少數為居留當地
之俄羅斯人與土著民族所辦的雙語學校於 1876 年開設，而
且大多數穆斯林由於提防其用心，故都對其避之唯恐不及。
到了 1894 年，在九十所雙語學校中有 95% 的學生為俄羅
斯人。而在已經與來自俄國的現代化思想有直接接觸的韃
靼人與哈薩克人當中，情況則有所不同。在 1850 年代，只
有少數的學校是為了哈薩克人而開辦的，部分原因也是為
了減輕來自韃靼人的伊斯蘭教影響，而這種影響也是先前
得到鼓勵之舉。1870 年，政府建立了俄韃學校（Russo-Tatar
school），著重於世俗教育。這也與韃靼人自行推動的改革
運動同時發生。

韃靼人相當重視教育，並且擁有一套廣泛的宗教學校
體系。該體系則附著於清真寺，寺中的伊瑪目（*imâm*，意
為領拜人）會教導男孩閱讀、《古蘭經》、伊斯蘭教教義、
阿拉伯文、波斯文與算術。女孩則隨伊瑪目之妻學習某些
學問。這個改革的根源相當深遠，可以追溯到噶布登納斯
爾·庫爾薩維（Gabdennasïr ['Abd al-Nasr] al-Kursavî），

他力勸穆斯林學習《古蘭經》，並且運用自己的判斷力去
創造新的詮釋，以便應付現代的挑戰。而教育家與改革者
施哈巴丁・瑪律加尼（Shihâbaddîn Marjânî）主張變得更加
現代化一事將使穆斯林更接近其先祖。 [130]

　　伊斯梅爾・別依・伽斯皮拉里（Ismâ'îl Bey Gaspïralï，俄
文名：加斯普林斯基〔Gasprinskii〕）是一位克里米亞韃靼
記者、改革家與社會活動家。他提倡「新方法」（Usûl-i
Jadîd）學校，是對傳統死記硬背之填鴨式學習的一種反動。
這種新方法包含了使用語音系統而非傳統的音節系統來教
授閱讀。更激進的是，他將學校分離於清真寺－伊斯蘭學
校（mosque-madrasa）複合體之外，而且為小學起用專門
訓練過的教師。女孩子則有她們自己的學校。教學則透過
為每個年級編選適當的教科書而得以系統化。伽斯皮拉里
的報紙《翻譯者》（Terjümân）於 1883 年問世，鼓吹文化
改革與突厥民族的聯合。扎吉德主義（Jadîdism）於 1880
年代傳入喀山，而在十年後來到突厥斯坦。

　　這些溫和的改革激起了來自「舊方法」（usûl-i qadîm）

奉行者的嚴厲攻擊，他們害怕這些改革可能會導致同化與叛教。政府由於並不確定扎吉德主義的政治目標為何，因此既不支持也未積極反對這些新學校。最終，富有的韃靼商人提供他們資金。韃靼人對於教育的關注反映在其識字率（20.4%）上，較當時的俄羅斯人（18.3%）為高。

到了第一次世界大戰前夕，在俄羅斯帝國境內約有五千所扎吉德學校。沙皇政府密切注意韃靼人的扎吉德主義，視其為對抗布哈拉當地之「穆斯林狂熱主義」的手段。該埃米爾於1910年壓制扎吉德主義者「青年布哈拉人」（*Yâsh Bukhârâliqlar*），而他們許多人則逃往鄂圖曼帝國，包括後來成為烏茲別克革命知識分子的傑出人物阿卜杜勒拉烏夫・菲特拉特（Abdurrauf Fitrat）。這個運動的核心主題是，只要穆斯林不擁有現代知識，就會維持軟弱無力。

扎吉德的教育和文化改革是通往民族運動的必要前導。現代民族認同建立在共用的語言、文化和領土的概念上。大多數定居的中亞人視他們的出生地和緊鄰的環境為家園。而遊牧人口則大多對氏族與部族具有強烈認同。許多穆斯

林仍然以宗教條件來看待他們的基本認同。韃靼人與哈薩
克人在地理位置上最靠近俄羅斯人，因此也最早開始感知
到自己是獨特的民族實體。韃靼人卡雲・納席里（Qayyûm
Nâsïrî）與哈薩克人易卜拉欣・阿爾丁薩林（Ibrâhîm
Altïnsarin）則宣導民族語言對民族運動發展的重要性。

　　俄國在日俄戰爭（1904–05 年）中的失敗點燃了俄國
1905 年的革命火花。這場戰爭展現了一個現代化的非歐洲
民族可以擊敗歐洲強權，並且激勵了鄂圖曼帝國與伊朗的
革命運動，這兩國在一個多世紀以來已經丟失了許多土地 [1131]
給俄國。受到削弱的沙皇專制政權短暫開放了政治生活，
允許成立代表制議會「杜馬」（Duma）。1906 至 1914 年間，
「杜馬」一共集會四次，也包括有穆斯林參與，但是無法
克服沙皇對改革的抗拒。但是參與集會本身對於布哈拉的
現代化知識分子而言具有影響。如果代表制政府能夠在專
制的俄國中達成，那麼類似的改革在布哈拉也應該是可想
像的。帝國中的穆斯林舉行了一系列的會議而形成一個聯
合行動計畫，以極力鼓吹其政治要求。他們後來分裂為數
個派系。「穆斯林聯盟」（Ittifâq al-Muslimîn）要求宗教

自由、區域自治，以及開明的立憲君主制，就像他們所聯合的俄羅斯立憲黨（即卡德茨〔Kadets〕）。左翼有「黎明黨人」（*Tangchïlar*），他們與韃靼人的報紙《黎明》（*Tang*）有關。這些人支持一種非馬克思式的民主社會主義。右翼則是傳統的宗教保守分子，他們默默支持沙皇政府。

第一次世界大戰的沉重負擔壓垮了俄羅斯帝國。1916年7月，在中亞發生了一場大型起義，由被強制徵召入勞動營的當地民族所發起。它反映了對殖民政策的憤怒長期沸騰的爆發，特別是針對俄羅斯殖民者大量流入並且占據了最好的土地一事。政府以嚴酷的報復與武裝殖民者隊伍進行大屠殺作為回應。大約有二十萬名中亞人喪生。1917年的二月革命推翻了沙皇，並且由一個溫和、傾向民主，但脆弱的臨時政府掌握大權。共產黨（布爾什維克）利用首相亞歷山大・費奧多羅維奇・克倫斯基（Alexander F. Kerenskii）不願讓俄國退出戰爭以及逐漸惡化的國內情勢而發動了1917年的十月革命。隨後內戰爆發，而外國介入則使情形更加複雜。最後布爾什維克勝出，並且保有了大部分的帝國領土。

　　中亞的領導者傾向就民族或族群－宗教方面來看待政
治問題。他們許多人支持某種程度上與俄國維持關係，呼
籲在政府中讓穆斯林發聲，抑或給予他們不同形式的自治。
臨時政府願意賦予穆斯林個體權利，但是對團體權的概念
或這類聯邦制的解決方式感到猶豫畏怯。穆斯林本身則分
裂為數個區域和民族小集團。1917 年 3 月，哈薩克人建立
了「阿拉什斡兒朵」政黨（Alash Orda political party）以
保衛那些感受到俄國殖民與韃靼文化影響威脅的人。在內
戰期間，他們一開始支持反共的白軍，後來則於 1919 年 11
月轉投布爾什維克。巴什基爾人懼怕處於阿的里－烏拉爾　[132]
（Idel-Ural，即伏爾加－烏拉爾）共和國中的韃靼人主宰
之下，因此選擇成立他們自己的巴什基爾自治共和國。突
厥斯坦的穆斯林政治團體則傾向於卡德茨和臨時政府聯手，
即便當中也存在較小的社會主義團體。考慮到穆斯林民族
在語言和地方文化上的差異，要想創建一套共同的計畫大
概是不可能的。許多住在中亞城市的俄羅斯人，就其政治
導向而言，則多半傾向社會主義，儘管其理論流派上有所
不同。他們傾向把當地的穆斯林視為政治與族群敵人。

在內戰期間，浮現了一種特別的穆斯林共產黨觀點。米爾賽德·蘇丹·加里耶夫（Mirsaid Sultan Galiev）是一位韃靼布爾什維克，原本是學校教師，後來才成為革命黨人。他視俄國的穆斯林為一個獨特的民族，主張所有的穆斯林（以及事實上是所有的非歐洲人）實際上是一個受壓迫的民族，等同於歐洲社會中受壓迫的工農。因此，階級戰爭對於以穆斯林為主的東方而言，是一場受壓迫的穆斯林民族對抗歐洲帝國主義的鬥爭。他進一步主張道，社會主義在俄國穆斯林當中的勝利將會成為革命在整個殖民社會蔓延的跳板。許多扎吉德主義者接受了這種思想，並且加入了布爾什維克。1918 年，布爾什維克的統治降臨中亞，建立了突厥斯坦蘇維埃社會主義自治共和國，而且於 1919 年克服了當地與反布爾什維克之白衛軍（White Guard）的挑戰。許多當地的布爾什維克依舊心懷族群偏見。莫斯科必須強迫他們讓出空間給當地的穆斯林共產主義者。在哈薩克草原上，動亂的歲月導致大規模的饑荒，並使將近一百萬人死亡。

到了 1923 年，布爾什維克已經鞏固了在中亞的統治。

農村反抗軍「巴斯瑪奇」（*Basmachi*）則持續到 1920 年代末期。1920 至 1924 年之間，創建了哈薩克、土庫曼，與烏茲別克社會主義共和國。隨著這次中亞共和國的民族劃界（National Delimitation），布哈拉與希瓦於 1924 年正式被併入蘇聯，作為烏茲別克社會主義共和國的一部分。而「突厥斯坦」之名則被移除。雖然「突厥斯坦人」分享著共同的歷史、宗教（伊斯蘭教）與書面語（察合台與波斯／塔吉克文），這些對於民族地位的現代意義而言都是基本要素，但是「突厥斯坦」的概念具有太多的泛突厥關聯。而創建具有強烈突厥性質的小型「蘇維埃共和國」則是對當地的改革者和扎吉德主義分子的讓步，給予他們空間以便發展突厥文化——這當然是在蘇聯的指導之下進行的。1929 年，塔吉克社會主義共和國從烏茲別克社會主義共和國當中被劃分出來，而原先為自治省，後來成立蘇維埃社會主義自治共和國的吉爾吉斯，於 1936 年成為吉爾吉 [133] 斯社會主義共和國。

新共和國與民族的形塑某種程度上涵蓋了將近一千四百萬的中亞人，大半發生在蘇聯的新經濟政策（英文為

New Economic Policy，縮寫為 NEP，時間為 1921 至 28 年）
期間。這個新經濟政策重新引入了自由企業，以便努力應
付饑荒與產品的短缺。過去中亞國家主要是以一個「王朝」
為中心，而非「民族」（nationality）。蘇聯創造了民族國
家（nation-state），塑造了邊界，以便符合其統治目的。
每個民族都有自己的領土。這個政策的第一批犧牲者則是
像米爾賽德・蘇丹・加里耶夫這類的民族共產主義分子，
他們的思想被認為抵觸了馬克思主義的「無產階級聯合原
則」，這項原則將工人階級視為單一組織，不能被族群或
宗教差異所分化。蘇丹・加里耶夫兩度遭到逮捕，推測他
死於蘇聯的「古拉格」（Gulag，即懲罰性的勞改營系統）
中，政治異議分子與罪犯皆被囚禁於此。

[134]　　後來，蘇聯政府為民族（nationality）量身裁製了民族
共和國。很少有中亞人具有「民族」意識，除了持現代化
論者以外。這個地區的複雜族群結構使這個問題更加讓人
怯步。所有蘇聯的民族「劃界」（delimitation）都是任意
的政治決定，而透過民族誌和語言學研究來加以合理化。
就這一點而言，蘇聯的政策必須被視為是一個大型──而

且大致上成功的——的社會與族群工程計畫。語言成為蘇聯身分認同的重要標誌之一。[14] 結果是，這個地區之現代語言的起源、形成、關係和連結都成了具有重要政治後果的問題。

　　烏茲別克是人口數最多的蘇維埃中亞共和國，且給了當地傾向泛突厥主義的知識分子一個龐大，而且是屬於他們自己的突厥國家。然而，「烏茲別克」可能會取代「突厥人」（*Türk*）或「突厥」（*Türki*），這些詞語都是當時通用的。這些詞語都暗示了泛突厥主義（Pan-Turkism）與土耳其（Turkey），後者則正進行自己的政治與文化革命，而中亞的突厥穆斯林知識分子也都在緊密關注這些事情。使用烏茲別克來為那些過去未曾使用過這個名稱來稱呼自己的民族命名，以及為一群有突厥語和波斯－塔吉克語雙語共用之長久歷史傳統的人們堅持自己的突厥特性之舉措，都是為了贏得扎吉德主義者和其他改革者支持所用的手段。而「撒爾塔人」（*Sart*）一詞意指有塔吉克血統而業已突厥化的小集團，或是已經定居的不同突厥人群，他們原先占烏茲別克人口的一半之多。但是作為一種身分的撒爾塔人，

在 1926 年的人口普查中則完全消失無蹤。

　　無論其語言與其他不同的特質為何，他們所有人如今都正式成為烏茲別克人，對於其中某些人而言，這並不是一個自然得來的身分。烏茲別克包含了布哈拉與撒馬爾罕兩座城市，它們的居民雖然都能使用雙語，不過主要是塔吉克人。塔吉克人（*Tajiks*）是一個由部分突厥語使用者用來稱呼山地民族的貶義名，這些山地人多半信奉什葉派，並使用其他的伊朗語。而他們也如使用塔吉克語的人們一般，要求成立自己的共和國。部分人士在解釋此事時，認為此舉將使烏茲別克縮小，並使塔吉克成為最大的蘇維埃中亞共和國。關於這個問題的爭辯於 1920 年代下半葉激烈地進行著。蘇維埃利用這個族群對抗以部分減輕對泛突厥主義的熱切盼望，這種盼望雖被烏茲別克知識分子所掩蓋但仍然存在。[15]

　　最終，蘇維埃的政策在烏茲別克人、塔吉克人與其他人當中製造出一種民族身分的獨特意義。在蘇聯與後蘇聯時期的中亞，舊的氏族和區域差別殘留在彼此競逐大權的

派系集團當中（但常以意識形態作為外表虛飾）。部族身
分認同在土庫曼、吉爾吉斯與部分較年長的烏茲別克人當
中，仍舊是一個因素。在哈薩克，大、中、小三個玉茲的 [135]
背景聯繫持續塑造了彼此競爭的政治派別。

　　每個新的民族都需要自己的歷史、還有文學、民俗、
當然還有語言與字母，以和其鄰居（常常是有共同歷史而
緊密相關的民族）作區隔。政客與學者聚集以挑選出這些
問題，並且選擇某個特定方言作為民族的書面語，以學術
來合理化政治需求。大部分的突厥語使用阿拉伯字母，這
模糊了它們之間的發音差異。土庫曼語的 *göz*、哈薩克語的
köz，與韃靼語的 *küz*（意為眼睛）寫起來一模一樣。雖然
正字法的改革已經是革命發生以前的現代化運動的一部分，
但是也有取代阿拉伯文字的壓力。它將蘇聯的穆斯林與鄰
近國家的穆斯林居民連結在一起──而這正是潛在的顛覆
因素來源。在 1927 與 1928 年，吉爾吉斯、烏茲別克、土
庫曼、哈薩克與卡拉卡爾帕克人採用了拉丁字母。土耳其
於 1928 年也採用拉丁字母。不久後，塔吉克人也跟進。在
1930 年代末葉，蘇維埃政府決定以西里爾字母取代拉丁字

母，整個過程完成於 1942 年。俄語成為所有非俄語學校的
必修科目。其目標是為了蘇聯境內一百二十六個不同民族
的「和解」（*sblizhenie*）。最終，這將會使他們「融合」
（*sliianie*）為一種新的「蘇維埃人」（Soviet Person），
而這種人幾乎可以確定是使用俄語的。

　　遊牧民的集體化與定居化導致了私有農業與私有畜群
的結束，並且造成了沉重的壓力。整個集體化與定居化過
程於 1930 年代晚期完成，並且改變了當地的社會風貌，但
也付出了極大的代價。在哈薩克也許有一百萬人喪生，如
同在烏克蘭有上百萬人喪生。而政治整肅則將當地的政治
領袖殺戮殆盡。

　　新的蘇維埃文化則以當地語言表現，但是其內容由莫
斯科決定。俄羅斯人或其他非中亞人控制了中亞共和國的
共產黨。充場面的原住民族代表們則得到次等或低階的職
位。穆斯林學校到了 1920 年代末期與 1930 年代亦遭關閉，
有著同樣遭遇的還包括伊斯蘭教法院與穆斯林宗教會議。
伊斯蘭教被描繪為落後，而且和基督教、猶太教與佛教一

樣，被認為不利於新國家的無神論意識形態。這種「好戰
的無神論」（militant atheism）在第二次世界大戰期間曾經
遭到貶抑，因為當時蘇聯正為了捍衛其生存而戰。1943年，
政府希望透過復興某種蘇聯式翻版的穆斯林宗教會議來動
員穆斯林。數所伊斯蘭學校得以開設。其職員和其他官方
認可的宗教職員一樣，都受到嚴密監控。

　　此時也發生了重大的社會變遷。大眾教育得到引進，[136]
並且獲得了某種成功。1927年，莫斯科指示要解放中亞婦
女，而在烏茲別克推行一系列反對罩紗與隔絕女性的運動。
實際上，這些習慣並不普遍，而扎吉德主義者和其他改革
者長久以來就已經呼籲進行這類變革。蘇維埃的政策深深
地侵入了個人領域，並且引起了反動。民俗伊斯蘭教與傳
統，例如罩紗是一種各地不同的習慣，還有男性的割禮，
都成了身分認同的象徵。在罩紗問題上，莫斯科最終勝出。
女性獲得了和男性相等之完全的法律平等與平等的職業機
會。有些女性會追求這些事物；不過許多女性，特別在鄉
村地區，則是並未去利用或甚至無法利用這些機會。俄羅
斯人和中亞人會一起並肩工作，特別是在城市中，但是互

相通婚的情況則相當罕見。

到了 1950 年代晚期，生活水準的改善產生了顯著的人口增長。蘇維埃的俄羅斯文化仍舊占據主流地位，但是在表達地方文化上給予了更多的迴旋空間。由小說家穆合塔爾・阿烏埃佐夫（Mukhtar Auezov）所創作的哈薩克現代化提倡者阿拜・庫南巴由里（Abay Qunanbayulï，俄文姓為庫南巴耶夫〔Kunanbaev〕）之傳記小說，就將哈薩克遊牧文化的多彩多姿引介給蘇聯讀者，然而又能堅持使用當局能夠接受的主題。重要的小說家，例如吉爾吉斯人欽吉斯・艾特瑪托夫（Chingiz Aitmatov）所作的《一日長於百年》（*The Day Lasts more than a Hundred Years*，成書於1980 年）將吉爾吉斯人在蘇聯統治下的經驗濃縮在這部作品中，以吉爾吉斯文和俄文付梓，並且獲得了當地與國際的讚譽。

到了 1970 年代，中央政府感覺更加放心將中亞共和國的領導權移交給「當地人」，通常還會將一個俄羅斯人安插在當地政府與黨機器中，理論上是擔任其副手，但實際

上是在那裡監護莫斯科的利益。在列昂尼德‧布里茲涅夫
（Leonid Brezhnev）領導蘇聯時期（1964–82）的大半中，
「停滯」與日漸增長的腐敗為其典型特色。而在這段時間
中，這些當地的領導層成了實際力量，使得莫斯科必須與
之協商。在 1980 年代末的「言論自由」（*glasnost'*）[†] 時
期，在布里茲涅夫的最終繼承人與最後一任共黨領袖米哈
伊爾‧戈巴契夫（Mikhail Gorbachev）的帶領下，反蘇情
緒得到更為公開的表達。1991 年 12 月，蘇聯解體，而且
重組為一個名為獨立國協（Commonwealth of Independent
States）的鬆散聯盟（未包括喬治亞〔Georgia〕與波羅的
海國家立陶宛〔Lithuania〕、拉脫維亞〔Latvia〕和愛沙尼
亞〔Estonia〕）。

　　在蘇聯瓦解之後，中亞人民在蘇聯末期上臺而且嚴厲
程度不同的威權體制底下，發現自己正站在一個新時代的
開端。他們如今面對著大量的問題。汙染留下了疾病與生 [137]
態災害的遺產。大量財富（石油、天然氣與其他自然資源）

---

† 　【譯註】或譯為開放。

的前景確實存在，但是要怎麼利用它則尚不明朗。

　　由蘇聯所建立的民族身分認同延續下來，但是加入了新的內容。帖木兒成為烏茲別克認同的象徵，即便其後裔過去曾遭烏茲別克人逐出中亞河中地區。烏茲別克的領袖階層想要和一位強大的征服者以及世界舞臺上之重要人物的形象建立關聯。它也希望拉開烏茲別克與哈薩克之間的距離，實際上是延續了蘇聯的政策。[16]民族、族群與區域對抗依舊尚未解決。更確切地說，甚至烏茲別克與塔吉克人長久以來的共生互依（偶爾也有緊張）也面臨嚴重壓力。在烏茲別克的塔吉克人宣稱自己受到歧視。在某些地區存在激進的伊斯蘭教運動，通常被稱為「瓦哈比」（Wahhâbi），其得名自流行於沙烏地阿拉伯的保守遜尼派之名。沙烏地阿拉伯常提供資金給伊斯蘭復興運動。在烏茲別克與其他地方，其中有些團體以暴力反對現任政府，並且加入塔利班與基地組織（al-Qaeda）。[17]

　　語言仍然是認同的重要成分。許多中亞國家試圖透過擺脫俄語詞彙以「淨化」其語言。部分國家則改變了字母。

1991 年，如南高加索的亞塞拜然一般，土庫曼採用了拉丁字母，大體上是以現代土耳其文（和其語文有近親關係）為範本。在烏茲別克，1995 年出現了一套經過「改革」的，以拉丁字母為基礎的字母，[18] 但是書籍仍持續以西里爾字母出版。

　　大多數的現任領袖實行不同程度上的政治壓迫，他們對於這套系統相當熟悉，因為這源自他們成長於其中的蘇聯體系。薩帕爾穆拉特・尼亞佐夫（Saparmurat Niyazov）自 1990 年起擔任土庫曼的領袖，直至 2006 年去世。他宣告自己為「土庫曼人的領袖」（*Türkmenbashï*）。他過度放肆的個人崇拜與壓迫性的政權相伴。而烏茲別克的總統伊斯蘭・卡里莫夫（Islam Karimov）雖然沒有前者那麼誇耀，但對於政治反對陣營同樣缺乏寬容。努爾蘇丹・納扎爾巴耶夫（Nursultan Nazarbayev）於 1991 年成為哈薩克總統。他不需利用公然的政治壓迫，而更加有效地推動經濟成長。2008 年，石油與礦藏的財富占了收入的八成，但是仍有四成民眾處於貧窮當中。[19] 沙漠化奪走了土庫曼和哈薩克曾經富饒的草場。吉爾吉斯有個受到派系傾軋所折磨

的脆弱民主制度。塔吉克的內戰（1992-97年）使改革派與伊斯蘭派相對立，而且常常帶有區域和族群派系主義的強烈暗流，讓這個國家成為廢墟。

[138]　　在1911年的中國革命之後，清朝在新疆的統治由一系列的軍閥所取代。他們一面奪權，一面避開俄國／蘇聯以及中國民國政府的侵入。他們所有人都面對著當地突厥穆斯林所發起的動亂。1921年，一群東突厥斯坦的知識分子在塔什干聚會，他們重新啟用了維吾爾之名（此前該名稱已經廢棄數個世紀之久），並且開始鼓吹維吾爾民族主義。占大多數之定居且使用突厥語的居民採用了這個共同稱謂。維吾爾人的起義造成了1944年東突厥斯坦共和國的成立，此時蔣介石的中國國民黨政府正被對日抗戰以及跟中國共產黨鬥爭分散了注意力。1949年，共產黨成為中國內戰的贏家，並且解散了東突厥斯坦共和國。他們壓制了維吾爾民族主義，而且重寫了新疆的歷史，將其描繪為中國自古以來的一部分。另外他們也不時企圖使這個區域與當地多樣化的非漢居民與中國本部整合得更加緊密。

在 1960 與 1970 年代的文化大革命期間，大批漢族人移居到新疆，使當地穆斯林民族的人口優勢受到威脅。1949 年，新疆只有三十萬名漢人。如今已有七百五十萬漢族人，占當地人口四成，而同時維吾爾族則有八百五十萬人，占當地人口四成五。[20] 在認知到這些擔憂的情況下，政府已讓維吾爾族與其他少數民族免於適用獨生子女政策。報刊與書籍則以當地語言發行。維吾爾族使用阿拉伯文字，而這將他們與使用突厥語的後蘇聯時期之中亞分隔開來。年輕世代有越來越多人通曉中文，這對於全面參與該國的生活而言相當重要，但他們只是少數。維吾爾的抵抗與分離運動得到了發展。他們當中有些人（例如東突厥斯坦伊斯蘭運動）採取了暴力策略，並被認為是可能與基地組織有所關聯的恐怖組織。

內蒙古在 1911 年以後仍舊留在中國的勢力範圍內。而漢人的經濟與人口壓力則持續存在。雖然蒙古民族主義者透過語言和歷史意識而聯合在一起，而這些連結又大半奠基於成吉思汗家族的帝國之上，但是他們仍舊存在區域上的分別。民族主義領袖德王德穆楚克棟魯普（Prince

Demchukdongrob）希望能夠以跟政府合作抗日為條件，換取在中國內部的自治權。在這個政策失敗後，這位地方貴族轉而與日本合作，並且尋求日方支持他征服外蒙古。此時的日本已經於 1931 年在鄰近的滿洲站穩腳跟。內蒙古最終留在中國的統治下。

[139] 　　而夾在俄中之間的外蒙古，在二十世紀則保持了不穩定的獨立地位。1911 年，外蒙古立八世哲布尊丹巴呼圖克圖（Jebtsundamba Khutukhtu）為博格多汗（Bogdo Khan），作為獨立蒙古的君主。俄國支持博格多汗，但是對於其意圖將內蒙古與其他蒙古領地納入轄下的計畫則加以婉拒。中國在保持名義上之宗主權的情況下，同意外蒙古自治。中俄蒙三方所簽訂的《恰克圖條約》（*Treaty of Kyakhta*，1915 年）確定了蒙古的自治（實際上獨立）地位。後來，中國利用俄國內戰的機會，於 1919 至 1920 年間重申了對外蒙古的權利，並重新奪回了這個國家。蘇赫巴托爾（Sükhe Bator）是一位青年革命分子，並於 1921 年重申蒙古獨立，建立了蒙古人民政府。在 1924 年博格多汗去世後，君主制度遭到廢除，而基於蘇聯模式的蒙古人民共和

國（Mongolian People's Republic, MPR）宣布成立。雖然
蒙古人民共和國越來越向莫斯科靠攏，但中國仍然為其名
義上的主人。其國內政策，諸如集體化與政治整肅，都是
蘇聯的寫照。喬巴山（Choibalsan）原為軍事領袖，最終嶄
露頭角而成為蒙古的主宰人物。

　　1936年，日本的威脅導致了蒙俄協約的簽訂。三年後，
一支蒙俄聯軍在未定邊境山區的一系列交戰中擊敗了日軍。
當 1945 年 8 月 8 日蘇聯對日宣戰時，蒙古人民共和國也在
兩天後跟進。

　　在第二次世界大戰結束後，一場全國性公民投票（1945
年）確認了蒙古的獨立地位，隨後並得到中國與蘇聯的再
度確認。澤登巴爾（Tsedenbal）在 1952 年喬巴山過世後上
臺。在他擔任總理期間，蒙古依然對中國的終極目標懷有
顧慮，故仍舊作為蘇聯的衛星國，直到蘇聯解體。1992 年，
它更名為蒙古國[†]，並且自此成為多黨制的民主政體。其二

---

† 　【譯註】原文誤作 1991 年更名為蒙古共和國（Republic of Mongolia）。

百五十萬人口隨後面臨了巨大的經濟低度發展問題。草場占了蒙古國土地面積的 75%，但是作為其主要產業的遊牧生活，在現代世界經濟中則面臨著不確定的未來。從伏特加與啤酒品牌到搖滾樂團團名，成吉思汗之名出現在所有的東西上，並且依舊是具有影響力的民族象徵。

大事年表

◆ **約西元前 38000 年**
人類進入中亞。

◆ **約西元前 6000 年**
開始發展農業。

◆ **約西元前 4800 年**
馬匹被馴化。

◆ **約西元前 3000 年**
在中亞建造灌溉渠道。

◆ **約西元前 2000 年**
有輪貨車、戰車、遊牧生活出現。

◆ **約西元前 1500 或 1200 年**
瑣羅亞斯德出生（也許晚至西元前 600 年）。

◆ **約西元前 1000 年**

複合弓在中亞出現；騎馬的、有組織的武裝團體出現。

◆ **約西元前 700 年**

斯基泰－塞種部族出現在東歐大草原與中亞。

◆ **西元前 556 至前 330 年**

阿契美尼德帝國。

◆ **約西元前 308 至前 128 年**

希臘化大夏帝國。

◆ **約西元前 209 年至西元 155 年**

匈奴帝國主宰中亞東部。

◆ **西元前 202 年至西元 220 年**

漢朝統治中國。

◆ **約西元前一世紀至西元一世紀**

貴霜王朝興起。

◆ **約西元 230 年代至 270 年代**

從貴霜帝國崩潰至薩珊王朝。

◆ **約西元 226 至 651 年**

薩珊帝國。

◆ **375 年**

匈人跨越伏爾加河。

◆ **約 450 年**

嚈噠國出現於今日之阿富汗與其鄰近地區。

◆ **453 年**

阿提拉去世。

◆ **552 年**

第一突厥汗國興起。

◆ **557 至約 567 年**

突厥與波斯摧毀了嚈噠國。

◆ **630 年**

位於東方的第一突厥汗國 [†] 垮臺。

◆ **約 630 至 650 年**

可薩汗國崛起於中亞西部草原。

◆ **651 年**

阿拉伯人征服了波斯，開始進軍中亞。

◆ **659 年**

位於西方的第一突厥汗國 [‡] 垮臺。

◆ **682 至 742 年**

位於東方的第二突厥汗國統治時期。

[†] 【譯註】即東突厥。
[‡] 【譯註】即西突厥。

750 年

阿拔斯王朝推翻倭馬亞王朝。

751 年

怛羅斯之役。

744 至 840 年

回鶻汗國統治時期。

766 年

葛邏祿滅西突厥汗國。

770 年代

烏古斯部落聯盟從蒙古遷徙到錫爾河地區，寄蔑汗國崛起於西伯利亞西部。

819 至 1005 年

薩曼王朝統治中亞河中地區與伊朗東部。

916 至 1125 年

契丹（遼）帝國統治蒙古、滿洲與華北。

920 年代

伏爾加不里阿兒人皈依伊斯蘭教。

960 年

中亞的突厥部落大規模改信伊斯蘭教。

965 至 969 年

可薩國覆亡。

977 至 1186 年

哥疾寧王朝統治伊朗東部、阿富汗與印度西北部。

992 至 1212 年

喀喇汗國統治東西突厥斯坦。

1124 年

耶律大石建立哈剌契丹帝國（1124 至 1213 年）。

1200 至 1221 年

摩訶末花剌子模沙赫的統治。

1206 年

鐵木真被推舉為成吉思汗。

1218 至 1220 年

蒙古征服中亞。

1227 年

成吉思汗去世；蒙古的領地被分為四大兀魯思（即封地），各由成吉思汗的四個兒子朮赤、察合台、窩闊台與拖雷及他們的後裔所統領。

1229 至 1241 年

窩闊台大汗統治時期。

1240 年

蒙古征服了羅斯人、欽察人與伏爾加不里阿兒人。

1241 年

蒙古入侵匈牙利與波蘭，於萊格尼察（Legnica）擊敗了
波蘭與日爾曼騎士。

1243 年

蒙古在科塞達格擊敗了魯姆（Rûm）[†]的塞爾柱人。

1251 至 1259 年

拖雷之子蒙哥大汗統治時期。

1256 至 1353 年

伊朗－伊拉克與安納托利亞大部分地域由旭烈兀系的伊利
汗國所統治。

1258 年

蒙古征服巴格達。

1260 年

馬木留克人於巴勒斯坦的阿音札魯特（'Ayn Jalût）擊敗了
蒙古軍隊。

1260 至 1294 年

蒙哥之弟[‡]忽必烈大汗統治時期。

1279 年

蒙古完成對中國的征服。

† 【譯註】即羅馬的阿拉伯文形態。
‡ 【譯註】原書誤作蒙哥之子。

1313 至 1341 年

尤赤兀魯思的月即別汗改信伊斯蘭教。

1348 年

鼠疫爆發。

1368 年

元朝結束在中國的統治。

1370 至 1405 年

跛子帖木兒主宰了成吉思汗系世界。

1438 至 1455 年

也先領導下的瓦剌主宰了蒙古人,並將其力量從滿洲延伸至東突厥斯坦。

1443 至 1466 年

克里米亞、喀山與阿斯特拉罕的成吉思汗系汗國成立。

1451 年

成吉思汗系的阿布勒海兒汗崛起,成為烏茲別克人的領袖。

1501 年

薩法維王朝開始征服伊朗。

1502 年

大帳(即金帳汗國)崩潰;早至十六世紀中葉哈薩克人分裂為大玉茲、中玉茲與小玉茲;和卓在東突厥斯坦站穩腳跟。

1526 年

巴布爾從烏茲別克人手中逃脫，在南亞建立莫臥兒帝國。

1552 至 1556 年

莫斯科征服了喀山與阿斯特拉罕。

1578 年

蒙古領袖阿勒坦汗奉上「達賴喇嘛」尊號予西藏格魯派領袖索南嘉措；佛教在蒙古人當中迅速傳布。

1616 年

女真首領努爾哈齊自立為汗。

1620 年

瓦剌改宗佛教。

1635 年

努爾哈齊之子皇太極 † 改其族名為滿洲。

1644 年

滿洲人征服中國，建立清朝。

1648 年

在庫倫（今烏蘭巴托）建立了喇嘛寺院。

1650 年

卡爾梅克國崛起於伏爾加河下游。

---

† 【譯註】原書誤作阿巴亥（Abahai）。

◆ **1676 至 1697 年**

準噶爾帝國的噶爾丹汗統治時期。

◆ **1689 年**

《尼布楚條約》劃定了俄羅斯與大清帝國的邊界。

◆ **1697 至 1727 年**

準噶爾帝國的策妄阿拉布坦統治時期。

◆ **1709 年**

浩罕汗國建立。

◆ **1727 年**

《恰克圖條約》確立了俄清邊界與商貿關係。

◆ **1731 至 1742 年**

哈薩克接受俄國保護。

◆ **1753 年**

曼格特部的大臣成為布哈拉的埃米爾。

◆ **1757 至 1759 年**

清朝終結了準噶爾帝國，征服了東突厥斯坦。

◆ **1822 至 1848 年**

俄國兼併了哈薩克諸玉茲。

◆ **1865 至 1884 年**

俄國征服中亞。

1883 至 1884 年

清朝在東突厥斯坦重振聲威，並將其更名為新疆（意為新的邊疆省分）。

1890 年代

俄國殖民中亞，特別是哈薩克。

1905 年

日本在日俄戰爭中擊敗俄國；1905 年俄國革命。

1911 年

清朝被推翻；外蒙古在博格多汗的領導下宣布獨立。

1917 年

俄國二月革命，隨後而來的是 1917 年 10 月的布爾什維克革命。

1918 至 1921 年

俄國內戰。

1919 至 1921 年

中國奪回外蒙古。

1921 年

東突厥斯坦的知識分子於塔什干聚會，重新啟用了「維吾爾」作為民族名稱，以指稱在東突厥斯坦使用突厥語的穆斯林居民；蘇赫巴托爾重建了外蒙古的獨立。

1923 年

布爾什維克完成了對俄屬中亞的控制。

◆ **1924 年**

布哈拉與花刺子模共和國被正式併入蘇聯;「民族劃界」
創造了蘇維埃中亞共和國的邊界;博格多汗去世;蒙古人
民共和國成立。

◆ **1927 至 1928 年**

吉爾吉斯、烏茲別克、土庫曼、哈薩克與卡拉卡爾帕克人
從阿拉伯文改用拉丁字母。

◆ **1930 年代至 1942 年**

突厥語改用西里爾文拼寫。

◆ **1944 至 1949 年**

東突厥斯坦共和國獨立。

◆ **1991 年**

蘇聯瓦解;獨立國協成立,包括了先前的蘇維埃中亞共和
國。

◆ **1992 年**

長久以來作為蘇聯衛星國的蒙古人民共和國宣告獨立,並
改名為蒙古國。†

† 【譯註】原書誤作 1991 年更名為蒙古共和國(Republic of Mongolia)。

發音指南

在地名中，區別長母音的附加符號已被略去，例如布哈拉拼寫為 Bukhara，而非 Bukhârâ。這些附加符號在拼寫人名與稱號時則加以保留，例如花剌子模指稱城市或國家時，拼寫為 Khwarazm，但作為君主的稱號時則拼寫為 Khwârazmshâh。

以下是為英語使用者所編寫的簡化指南。

• 母音

語音	英語範例
â（阿拉伯文）	其發音如 dad 的 A。除非當其前面接 ḍ、ṣ、ṭ 或 ẓ 時，其發音則更接近 father 的 A
â（波斯文）	其發音如 AW
î	其發音如 Sweet 的 EE
ï	其發音如 igloo 的 I

ö	其發音如 urge 的 U
û	其發音如 tooth 的 OO
ü	其發音如 dew 的 EW

• 輔音

語音	英語範例	其他訊息
' 為阿拉伯語中的 'ain		為母音之前的短促停頓
dh（阿拉伯語）	其發音如 this 的 TH	
gh（阿拉伯語、波斯語、突厥語與蒙古語）	其發音如 gorilla 的 G，但須從喉嚨深處發聲	帶喉音的硬「g」音
kh（阿拉伯語、波斯語與蒙古語）	其發音如 Loch Ness 的 CH	帶喉音的「CH」音
q（阿拉伯語、波斯語、突厥語與古典蒙古語）		從喉嚨深處發聲的「k」音

註釋

導言 民族的層積

1 突厥斯坦，英文亦作 Turkistan。*Turkistân* 一詞為波斯語，意為「突厥人的國家」。

2 Sir Aurel Stein, *Ruins of Desert Cathay*, vol. 1 (1912; repr. New York: Dover, 1987), 393.

3 Ruth I. Meserve, "The Inhospitable Land of the Barbarians," *Journal of Asian History* 16, no. 1 (1982): 51–89.

4 Richard N. Frye, *The Heritage of Persia* (Cleveland-New York: World Publishing, 1963), 38–39.

5 John K. Fairbank, "A Preliminary Framework," in *The Chinese World Order*, ed. J. K. Fairbank (Cambridge, MA: Harvard University Press, 1970), 9–10; Lien-sheng Yang（楊聯陞）, "Historical Notes on the Chinese World Order," in Fairbank, *The Chinese World Order*, 20–22; Christopher I. Beckwith, *Empires of the Silk Road* (Princeton: Princeton University Press, 2009), xxi–xxv, 320–362. Marc S. Abramson, *Ethnic Identity in Tang China* (Philadelphia:

University of Pennsylvania Press, 2008) 一書通盤探討了中國族群邊界概念的複雜性。

6 Vladimir N. Basilov, *Nomads of Eurasia*, trans. Mary F. Zirin (Seattle: Natural History Museum of Los Angeles Country in association with University of Washington Press, 1989), 23–26. 有關斯基泰的裝束，參見 S. A. Iatsenko, *Kostium drevnei Evrazii. Iranoiazychnye narody* (Moscow: Vostochnaia Literatura, 2006), 47–102. 關於「金人」實為「金女」的論點，參見：Jeannine Davis-Kimball with Mona Behan, *Warrior Women: An Archaeologist's Search for History's Hidden Heroines* (New York: Warner Books, 2002), 96–107.

7 Tsagan Törbat et al., "A Rock Tomb of the Ancient Turkic Period in the Zhargalant Khairkhan Mountains, Khovd Aimag, with the Oldest Preserved Horse-Head Fiddle in Mongolia-A Preliminary Report," *Bonn Contributions to Asian Archaeology* 4 (2009), 373–374.

8 David Anthony, *The Horse, The Wheel, and Language* (Princeton: Princeton University Press, 2007), 5, 11–13, 41–42, 46–59, 81–84, 99–101; J. P. Mallory and D. Q. Adams, *The Oxford Introduction to Proto-Indo-European and the Proto-Indo-European World* (Oxford: Oxford University Press, 2006), 442–463.

9 Alexander Vovin, "The End of the Altaic Controversy," *Central Asiatic Journal* 49 no. 1 (2005), 71–132; Christopher I. Beckwith, *Koguryo: The Language of Japan's Continental Relatives* (Leiden: Brill, 2004), 164–165, 184–194.

第一章 遊牧與綠洲城邦的興起

1 David W. Anthony, *The Horse, the Wheel, and Language: How Bronze-Age Riders from the Eurasian Steppes Shaped the World* (Princeton: Princeton University Press, 2007), 191–192, 200, 211.

2   Anthony, *The Horse*, 221–224, 460–462; Robert Drews, *Early Riders: The Beginnings of Mounted Warfare in Asia and Europe* (New York: Routledge, 2004), 1–2, 65–98, 論及了歐亞草原與近東的軍事革命。

3   Adrienne Edgar, "Everyday Life among the Turkmen Nomads," in Jeff Sahadeo and Russell Zanca, eds., *Everyday Life in Central Asia: Past and Present* (Bloomington: Indiana University Press, 2007), 38–44.

4   Owen Lattimore, *The Inner Asian Frontiers of China* (The American Geographical Society, 1940; repr., Hong Kong: Oxford University Press, 1988), 522.

5   Anthony, *The Horse*, 460.

6   Lien-sheng Yang（楊聯陞）, "Historical Notes on the Chinese World Order," in John K. Fairbank (ed.), *The Chinese World Order* (Cambridge, MA.: Harvard University Press, 1970), 33. 關於拜占庭的策略，參見：Edward N. Luttwak, *The Grand Strategy of the Byzantine Empire* (Cambridge, MA-London: The Belknap Press of Harvard University, 2009), 415–418.

7   關於這眾多物品的研究，參見：E. H. Schaefer, *The Golden Peaches of Samarkand: A Study of T'ang Exotics* (Berkeley: University of California Press, 1963; repr. 1985).

8   Hugh Pope, *Sons of the Conquerors: The Rise of the Turkic World* (New York: Overlook Duckworth, 2005), 316.

9   Colin Thubron, *Shadow of the Silk Road* (New York: Harper Collins, 2007), 102.

10 Quintus Curtius, *History of Alexander*, trans. and ed. John C. Rolfe (Cambridge, MA: Harvard University Press, 1936; repr., 1985), 162–165.

11 Mahmâd al-Kâšγarî, *The Compendium of Turkic Dialects: Dîwân Luγat at-Turk*, vol. 1, trans. and ed. Robert Dankoff in collaboration with James Kelly (Cambridge, MA: Harvard University Press, 1982–1985), 273. "*Tastsïz türk bolmas, bashsïz börk bolmas.*"

12 Denis Sinor, "Samoyed and Ugric Elements in Old Turkic," *Harvard Ukrainian Studies* 3–4 (1979–1980), 768–773, and "The Origin of Turkic *Balïq* 'Town'," *Central Asiatic Journal* 25 (1981), 95–102. 塞諾（Denis Sinor）認為，這個字是源自於烏戈爾語。雖然突厥人為何要從漁獵的烏戈爾民族借用這個字的原因仍舊不明，但突厥語中確實有許多烏戈爾外來語。

第二章 早期遊牧民：「明以戰攻為事」

1 Elena E. Kuzmina, *The Prehistory of the Silk Road*, ed. Victor Mair (Philadelphia: University of Pennsylvania Press, 2008), 88–98.

2 Vera S. Rastorgueva and Dzhoi I. Edel'man, *Etimologicheskii slovar' iranskikh iazykov*（《伊朗語語源詞典》）(Moscow: Vostochnaia Literatura, 2000-ongoing), 1: 222.

3 這個課題仍處於熱烈爭議當中。參見：Edwin F. Bryant and Laurie L. Patton, eds., *The Indo-Aryan Controversy: Evidence and Inference in Indian History* (New York: Routledge, 2005) and Thomas R. Trautmann, ed., *The Aryan Debate* (New Delhi: Oxford University Press, 2005).

4 參見：A. Shapur Shahbazi, "The History of the Idea of Iran," in Vesta Sarkhosh Curtis and Sarah Stewart, eds., *Birth of the Persian Empire: The Idea of Iran,* vol. 1 (London: I. B. Tauris, 2005), 100–111.

5 Michael Witzel, *Linguistic Evidence for Cultural Exchange in Prehistoric Western Central Asia* in *Sino-Platonic Papers* 129 (December 2003): 13.

6 Herodotus, *The History*, trans. David Grene (Chicago: University of Chicago Press, 1987), 289.

7 Strabo, *The Geography of Strabo*, vol. 5, trans. H. L. Jones (Cambridge, MA.: Harvard University Press, 1944), 264–269.

8 Sima Qian, *Records of the Grand Historian: Han Dynasty*, vol. 2, trans. Burton Watson, 2nd rev. ed. (Hong Kong: Columbia University Press, 1993), 245.【譯註】此段引文參見司馬遷，《史記・大宛列傳》。

9 Herodotus, *The History*, trans. Grene, 129–130.

10 參見：Justin J. Rudelson, *Oasis Identities* (New York: Columbia University Press, 1997), 66–68.

11 Frank L. Holt, *Into the Land of Bones: Alexander the Great in Afghanistan* (Berkeley: University of California Press, 2005), 86.

12 Nicola Di Cosmo, *Ancient China and its Enemies: The Rise of Nomadic Power in East Asian History* (Cambridge: Cambridge University Press, 2002), 186–188.

13 Sima Qian, trans. Watson, 129, 143.【譯註】引文參見司馬遷，《史記・匈奴列傳》。

14 Sima Qian, trans. Watson, 130, 134.

15 Sima Qian, trans. Watson, 143–144, 請注意匈奴對中國絲綢與食物的喜愛，特別是穀物，以及他們堅持必須「令其量中」。

16 Sima Qian, trans. Watson, 140–141.

17 Sima Qian, trans. Watson, 143.

18 Sima Qian, trans. Watson, 146.

19 Étienne de la Vaissière, *Sogdian Traders: A History*, trans. James Ward (Leiden: Brill, 2005), 28–32.

20 David Christian, "Silk Roads or Steppe Roads? The Silk Roads in World History," *Journal of World History* 11, no. 1 (2000): 1–26.

21 Thomas J. Barfield, *The Perilous Frontier: Nomadic Empires and China* (Oxford: Blackwell, 1989), 36.

22 Juha Janhunen, *Manchuria: An Ethnic History* (Helsinki: The Finno-Ugrian Society, 1996), 187.

23 有關新近支持兩者間有關聯的議論，參見：M. Érdy, "Hun and Xiong-nu Type Cauldron Finds through Eurasia," *Eurasian Studies Yearbook* 67 (1995), 5–94; D. C. Wright, "The Hsiung-nu–Hun Equation Revisited," *Eurasian Studies Yearbook* 69 (1997), 77–112; E. Pulleyblank, "Tribal Confederations of Uncertain Identity. Hsiung-nu," in H. R. Roemer (ed.), *History of the Turkic Peoples in the Pre-Islamic Period. Philologiae et Historiae Turcicae Fundmenta*, I (= *Philologiae Turcicae Fundmenta*, III) (Berlin: Klaus Schwarz, 2000), 60; Étienne de la Vaissière, "Huns et Xiongnu," *Central Asiatic Journal* 49, no. 1 (2005): 3–26.

第三章 天可汗：突厥與其後繼者

1 他們似乎使用某種蒙古語，參見：Alexander Vovin, "Once Again on the Tabgač Language," *Mongolian Studies* 29 (2007): 191–206.

2 Károly Czeglédy, "From East to West: The Age of Nomadic Migrations in Eurasia," *Archivum Eurasiae Medii Aevi* 3 (1983): 67–106; Étienne de la Vaissière, "Is There Any Nationality of the Hephthalites?" *Bulletin of the Asia Institute* 17 (2003): 119–132.

3 R. C. Blockley, ed. and trans., *The Fragmentary Classicising Historians of the Later Roman Empire: Eunapius, Olympiodorus, Priscus and Malcus*, vol. 2 (Liverpool: Francis Cairns, 1981, 1983), 344–345.

4 突厥（Türk）是用來指特定而具有此名稱的突厥民族。突厥（Turk）與突厥的（Turkic）則是總稱術語，包括了所有使用突厥語的民族。【譯註】這點在中譯上難以區分，因此在本章中基本上以突厥指 Türk，在後文中有需要分別 Turk 與 Turkic 兩者時，則以加註英文原文來處理。

5 S. G. Klyashtorny, "The Royal Clan of the Turks and the Problem of Early

Turkic-Iranian Contacts," *Acta Orientalia Academiae Scientiarum Hungaricae* 47, no. 3 (1994): 445–447.

6 Liu Mau-tsai（劉茂才）, *Die chinesischen Nachrichten zur Geschichte der Ost-Türken (T'u-küe)*（《關於東突厥歷史的中文材料》）, vol. 1 (Wiesbaden: Otto Harrassowitz, 1958), 5–6, 40–41.

7 Christopher I. Beckwith, *Empires of the Silk Road* (Princeton: Princeton University Press, 2009), 4, 6, 8–10.

8 參見：*The History of Theophylact Simocatta*, trans. Michael Whitby and Mary Whitby (Oxford: Clarendon Press, 1986), 188–190. 狄奧菲拉克特（Theophylact）指控「歐洲阿瓦爾人」誤用了這個著名的名號。

9 Liu, *Die chinesischen Nachrichten*, vol. 1, 87.

10 *The History of Menander the Guardsman*, ed. and trans. R. C. Blockley (Liverpool: Francis Cairns, 1985), 44–47.

11 *Menander*, ed. and trans. Blockley, 111–127, 173–175.

12 Liu Mau-tsai, *Die chinesischen Nachrichten*, vol. 1, 13.

13 *The Life of Hiuen Tsiang By the Shaman Hwui Li*. With an introduction containing an account of the works of I-tsing, by Samuel Beal, Trübner's Oriental Series (London: K. Paul, Trench, Trübner, 1911), 42.

14 同上註。

15 *Si-Yu-Ki. Buddhist Records of the Western World*, vol. 1, trans. Samuel Beal (London: Kegan Paul, Trench, Trübner, 1900), 28.

16 Yihong Pan（潘以紅）, *Son of Heaven and Heavenly Qaghan: Sui-Tang China and its Neighbors* (Bellingham, Washington: Center for East Asian Studies, Western Washington University, 1997), 179–182, 191. 【譯註】原文參見司馬光《資治通鑑》卷 198。

17 Christopher I. Beckwith, *The Tibetan Empire in Central Asia* (Princeton: Princeton University Press, 1987), 28–64.

18 Talât Tekin, *Orhon Yazıtları. Kül Tigin, Bilge Kagan, Tunyukuk*（《鄂爾渾碑，闕特勤、毗伽可汗、暾欲谷》）(Istanbul: Yıldız, 2003), 82.

19 同上註。

20 Talât Tekin, *Orhon Yazıtları*（《鄂爾渾碑》）(Ankara: Türk Dil Kurumu, 2006). 闕特勤碑參見該書第 19 至 42 頁，而毗伽可汗碑則參見第 44 至 70 頁。

21 西耐烏蘇碑文（The Shine Usu inscription）參見 Takao Moriyasu and Ayudai Ochir, eds., *Provisional Report of Researches on Historical Sites and Inscriptions in Mongolia from 1996 to 1998* (Osaka: The Society of Central Asian Studies, 1999), 183.

22 Colin Mackerras, *The Uighur Empire According to the T'ang Dynastic Histories* (Canberra: Australian National University Press, 1972), 122.

23 Vladimir F. Minorsky, "Tamîm ibn Bahr's Journey to the Uyghurs," *Bulletin of the School of Oriental and African Studies* 12, no. 2 (1948): 275–305.

24 Judith G. Kolbas, "Khukh Ordung, a Uighur Palace Complex of the Seventh Century," *Journal of the Royal Asiatic Society* 15, no. 3 (November 2005): 303–327.

25 I. V. Kormushin, *Tiurkskie eniseiskie epitafii. Teksty i issledovaniia*（《葉尼塞河突厥文碑銘：文本與研究》）(Moscow: Nauka, 1997), 121–122.

26 Ibn al-Faqîh, *Kitâb al-Buldân*（《列國志》）, ed. M. J. de Goeje (Leiden: Brill, 1885), 329.

第四章 絲路城市與伊斯蘭教的到來

1 Al-Muqadassî, *Ahsan at-Taqâsîm fî Ma'rifat al-Aqâlîm. Descriptio imperii moslemici auctore Schamso'd-dîn Abdollâh Mohammed ibn Ahmed ibn abî Bekr al-Bannâ al-Basschârî al-Mokaddesî*（《對各地知識的最佳界分》）, ed. M. J. de Goeje (Leiden: Brill, 1877; 2nd ed. 1906), 324–325.

2　Étienne de la Vaissière, *Sogdian Traders: A History*, trans. James Ward (Leiden: Brill, 2005), 148–152.

3　關於這些書牘的樣本，參見：W. B. Henning, "The Date of the Sogdian Ancient Letters," *Bulletin of the School of Oriental and African Studies* 12, no. 3–4 (1948): 601–616; Nicholas Sims-Williams, "Towards a New Edition of the Sogdian Ancient Letters: Ancient Letter I," in *Les Sogdiens en Chine*, ed. Étienne de la Vaissière and Eric Trombert (Paris: École Française d'Extrême Orient, 2005), 181–193; and Nicholas Sims-Williams, "The Sogdian Ancient Letters," http://depts.washington.edu/silkroad/texts/sogdlet.html.【譯註】"Towards a New Edition of the Sogdian Ancient Letters: Ancient Letter I" 一文出自《粟特人在中國》一書。

4　*Si-Yu-Ki: Buddhist Records of the Western World*, vol. 1, trans. Samuel Beal (London: Kegan Paul, Trench, Trübner, 1900), 43–44.

5　*Si-Yu-Ki*, vol. 2, trans. Beal, 318–19; Hans Wilhelm Haussig, *Die Geschichte Zentralasiens und der Seidenstrasse in vorislamischer Zeit*（《伊斯蘭教時代以前的中亞與絲綢之路史》）(Darmstadt: Wissenschaftliche Buchgesellschaft, 1983), 68.

6　*Si-Yu-Ki*, vol. 2, trans. Beal, 309, 315–316.

7　Sir Aurel Stein, *On Central Asian Tracks* (New York: Pantheon Books, 1964), 56.

8　Yutaka Yoshida, "On the Origin of the Sogdian Surname Zhaowu（昭武）and Related Problems," *Journal Asiatique* 291/1-2 (2003): 35–67.

9　Narshakhî, *The History of Bukhara*, trans. Richard N. Frye (Cambridge, MA: The Mediaeval Academy of America, 1954), 9–10.

10　Narshakhî, trans. Frye, 30–31.

11　Étienne de la Vaissière, *Samarcande et Samarra. Élites d'Asie Centrale dans l'empire Abbaside*（《撒馬爾罕與薩邁拉：阿拔斯帝國中的中亞菁英》）(Paris: Association pour l'avancement des étude iraniennes, 2007), 69–70, 86.

12 Richard N. Frye, *Ancient Iran* (Munich: C. H. Beck, 1984), 351–352.

13 B. Marshak, *Legends, Tales, and Fables in the Art of Sogdiana* (New York: Bibliotheca Persica, 2002), 17, 65–67.

14 W. B. Henning, "Sogdian Tales," *Bulletin of the School of Oriental and African Studies* 11, no. 3 (1945): 485–487.

15 *The Life of Hiuen Tsiang By the Shaman Hwui Li.* With an introduction containing an account of the works of I-tsing, by Samuel Beal, Trübner's Oriental Series (London: K. Paul, Trench, Trübner, 1911), 45.

16 Edouard Chavannes, *Documents sur les Tou-kiue (Turcs) Occidentaux*（《西突厥史料》）(Paris: Librairie d'Amérique et d'Orient, 1941; repr. Taipei: Ch'eng Wen Publishing, 1969), 135.

17 Chavannes, *Documents*, 33 n.5; B. G. Gafurov, *Tadzhiki*（《塔吉克人》）(Moscow: Nauka, 1972), 284.

18 Al-Bîrûnî, *Al-Athâr al-Baqiyya 'an Qurûn al-Khâliyya, Chronologie orientalischer Völker*（《東方民族編年史》）, ed. C. Eduard Sachau (Leipzig: Otto Harrassowitz, 1929), 234–235.

19 Chavannes, *Documents*, 139.

20 Chavannes, *Documents*, 133 n.5.

21 Chavannes, *Documents*, 148.

22 Frentz Grenet, Étienne de la Vaissière, "The Last Days of Panjikent," *Silk Road Art and Archaeology* 8 (2002): 167–171; and *Sogdiiskie dokumenty s gory Mug*（《穆格山粟特文書》）, ed. and trans. V. A. Livshits (Moscow: Vostochnaia Literatura, 1962), 2: 78–79.

23 Al-Tabarî, *The History of al-Tabarî: The End of Expansion*, vol. 25, ed. Ehsan Yar-Shater, trans. Khalid Yahya Blankenship (Albany: State University of New York Press, 1989), 143–149.

24 Jonathan Bloom, *Paper Before Print: The History and Impact of Paper on the Islamic World* (New Haven: Yale University Press, 2001), 38–40, 42–45.

25 Al-Bîrûnî, *Al-Athâr*, ed. Eduard Sachau, 36, 48.

第五章 新月高掛草原：伊斯蘭教與突厥民族

1 Rashîd al-Dîn, *Die Geschichte der Oġuzen des Rašîd ad-Dîn*（《拉施特之烏古斯史》）, ed. and trans. Karl Jahn (Vienna: Herman Böhlaus Nachf., 1969), 23–25.

2 *Hudûd al-ʿÂlam: The Regions of the World*（《世界境域志》）, 2nd ed., trans. Vladimir Minorsky, ed. C. E. Bosworth, E. J. W. Gibb Memorial Series, new series, 11 (London: Luzac, 1970), 96–97.

3 Al-Câhiz [Al-Jâhiz:], *Hilâfet Ordusunun Menkibeleri ve Türkler'in Fazîletleri*（《哈里發軍隊的功績與突厥人的德行》）, ed. Turkish trans. Ramazan Şeşen (Ankara: Türk Kültürünü Ara tırma Enstitüsü, 1967), 68.

4 分析參見：Omeljan Pritsak, *Die bulgarischen Fürstenliste und die Sprache der Protobulgaren*（《不里阿兒王公表與原初保加爾人的語言》）(Wiesbaden: Otto Harrassowitz, 1955).

5 Abu Bakr Muhammad ibn Ja'far Narshakhî, *The History of Bukhara*, trans. Richard N. Frye (Cambridge, MA: The Mediaeval Academy of America, 1954), 34.

6 Jürgen Paul, "Islamizing Sûfis in Pre-Mongol Central Asia," in E. de la Vaissière, ed., *Islamisation de l'Asie centrale*（《中亞的伊斯蘭化》）, Studia Iranica 39 (Paris: Association pour l'avancement des études iraniennes, 2008), 297–317. 與前人研究相對比，Paul 主張直到蒙古時代以前，蘇非在中亞突厥人的伊斯蘭化過程中並未起重要作用。

7 Ibn al-Athîr, *Al-Kâmil fī'l-Ta'rîkh: Chronicon quod perfectissmum inscribitur*

（《全史》）, ed. C. J. Tornberg (Leiden, 1851–76; repr. Beirut, 1965–66 with different pagination), 9: 520.

8 W. Barthold, *Turkestan Down to the Mongol Invasion*, trans. T. Minorsky, ed. C. E. Bosworth (London: Luzac, 1968), 312.

9 Al-Utbi, *The Kitab i Yamini. Historical Memoirs of the Amír Sabaktagin, and the Sultán Mahmúd of Ghazna* （《亞米尼史》）, trans. Rev. James Reynolds (London: Oriental Translation Fund of Great Britain and Ireland, 1858), 140.

10 C. E. Bosworth, *The Ghaznavids: Their Empire in Afghanistan and Eastern Iran, 994–1040* (Edinburgh: Edinburgh University Press, 1963), 115–116.

11 Yûsuf Khâss Hâjib, *Wisdom of Royal Glory (Kutadgu Bilig): A Turko-Islamic Mirror for Princes*, trans. Robert Dankoff (Chicago: University of Chicago, 1983), 49.

12 同前揭書，第 48 頁。

13 同前揭書，第 48–49 頁。

14 Mahmûd al-Kâšγarî, *The Compendium of Turkic Dialects. Dîwân Luγāt at-Turk*, ed. and trans. Robert Dankoff in collaboration with James Kelly (Cambridge, MA: Harvard University Press, 1982–1985), 1: 109, 304; 2: 184–185.

第六章 蒙古旋風

1 關於哈剌契丹的興起，參見：Michal Biran, *The Empire of the Qara Kitai in Eurasian History* (Cambridge: Cambridge University Press, 2005), 19–47.

2 'Atâ Malik Juvainî, *The History of the World-Conqueror*, trans. John A. Boyle (Cambridge, MA: Harvard University Press, 1958), 1: 21–22.

3 *The Secret History of the Mongols*, trans. Igor de Rachewiltz (Leiden-Boston: Brill, 2004), 1: 10, 287.

4   Rashîd ad-Dîn, *Jâmi' at-Tavârîkh*（《史集》）, ed. Muhammad Rowshan and Mustafâ Mûsavî (Tehran: Nashr-i Alburz, 1373/1994), 1: 251–252.

5   *The Secret History of the Mongols*, trans. de Rachewiltz, 1: 13.

6   *The Secret History of the Mongols*, trans. de Rachewiltz, 1: 4.

7   *The Secret History of the Mongols*, trans. de Rachewiltz, 1: 19–20.

8   Rashîd ad-Dîn, *Jâmi' at-Tavârîkh*, ed. Rowshan and Mûsavî, 1: 361–4.

9   Juvainî, *History*, trans. Boyle, 1: 107, 122.

10 Rashîd ad-Dîn, *The Successors of Genghis Khan*, trans. John A. Boyle (New York: Columbia University Press, 1971), 17–18.

11 Peter Jackson, "From *Ulus* to Khanate," in Reuven Amitai-Preiss and David Morgan, eds., *The Mongol Empire and its Legacy* (Leiden: Brill, 1999), 12–38.

12 S. A. M. Adshead, *Central Asia in World History* (New York: St. Martin's Press, 1993), 61.

13 Kirakos Gandzaketsi, *Istoriia Armenii*（《亞美尼亞史》）, trans. L. A. Khanlarian (Moscow: Nauka, 1976), 156.

14 Minhâj al-Dîn al-Juzjânî, *Tabaqât-i Nâsirî*（《納昔爾史話》）, ed. 'Abd al-Hayy Habîbî (Tehran: Dunyâ-yi Kitâb, 1363/1984), 2: 197–198.

15 Reuven Amitai-Preiss, *Mongols and Mamluks: The Mamluk–Ilkhânid War, 1260–1281* (Cambridge: Cambridge University Press, 1995), 1.

16 參見：Marco Polo, *The Travels of Marco Polo: The Complete Yule-Cordier Edition* (New York: Dover, 1993), 2: 463–65, 在該書中，以她的突厥名「愛由魯黑」（Aijaruc，即 *Ay Yaruq*，意為明月）稱呼之。Michal Biran, *Qaidu and the Rise of the Independent Mongol State in Central Asia* (Richmond, UK: Curzon, 1997), 1–2, 19–67.

17 Peter Jackson, "The Mongols and the Faith of the Conquered," in Reuven Amitai and Michal Biran, eds., *Mongols, Turks, and Others: Eurasian Nomads and the Sedentary World* (Leiden: Brill, 2005), 245–278.

18 Rashid al-Din, *Successors*, trans. Boyle, 37.

19 Thomas T. Allsen, *Culture and Conquest in Mongol Eurasia* (Cambridge: Cambridge University Press, 2001), 63–89, 177–179.

20 Rashîd ad-Dîn, *Jâmi' at-Tavârîkh*, ed. Rowshan and Mûsavî, 2: 1137–1138.

21 Paul D. Buell, "Mongol Empire and Turkicization: The Evidence of Food and Foodways," in Reuven Amitai-Preiss and David O. Morgan, eds., *The Mongol Empire and its Legacy* (Leiden: Brill, 1999), 200–223.

22 Peter B. Golden, ed., *The King's Dictionary: The Rasûld Hexaglot* (Leiden-Boston-Köln: Brill, 2000), 112, 227.

23 William of Rubruck, *The Mission of Friar William of Rubruck*, trans. Peter Jackson, ed. Peter Jackson and David Morgan, Hakluyt Society, second series, vol. 173 (London: Hakluyt Society, 1990), esp. 76–77, 183, 209–210.

24 Thomas T. Allsen, "Command Performances: Entertainers in Mongolian Empire," *Russian History-Histoire Russe* 28, no. 1–4 (Winter 2001): 41–45.

25 同前揭書,第 38–41 頁。

26 Jerry H. Bentley, "Cross-Cultural Interaction and Periodization in World History," *American Historical Review* 101, no. 3 (June 1996): 766–767.

第七章 後來的成吉思汗系各支後王、帖木兒與 帖木兒帝國的文藝復興

1   al-'Umarî, *Das mongolische Weltreich. Al-'Umarî's Darstellung der mongolischen Reiche in seinem Werk Masâlik al-abṣâr fî mamalik al-amṣâr* (《蒙古帝國:烏馬里在其「眼歷諸國行記」中對蒙古帝國的記述》), ed. with Germa paraphrase by Klaus Lech, *Asiatische Forschungen*, Bd. 22 (Wiesbaden: Harrassowitz, 1968), Arabic text, p. 73.

2　Jean-Paul Roux, *La religion des Turcs et des Mongols*（《突厥與蒙古人的宗教》）(Paris: Payot, 1984), 137–141.

3　Devin DeWeese, *Islamization and Native Religion in the Golden Horde* (University Park, PA: Penn State University Press, 1994), 541–543.

4　David M. Abramson and Elyor E. Karimov, "Sacred Sites, Profane Ideologies: Religious Pilgrimage and the Uzbek State," in Jeff Sahadeo and Russell Zanca, eds., *Everyday Life in Central Asia: Past and Present* (Bloomington: Indiana University Press, 2007), 319–338.

5　Toktobiubiu Dzh. Baialieva, *Doislamskie verovaniia i ikh perezhitki u kirgizov*（《吉爾吉斯人的前伊斯蘭信仰與其遺留》）(Frunze, Kyrgyz SSR: Ilim, 1972), 140–142, 149–151.

6　Don Luiz Gonzales de Clavijo, *Embassy to Tamerlane, 1403–1406*, trans. Guy Le Strange (London: Routledge, 1928, repr. Frankfurt am-Main, 1994), 137, 212.

7　Clavijo, *Embassy to Tamerlane*, trans. Le Strange, 210.

8　同前揭書，第 210–211 頁。

9　同前揭書，第 286 頁。

10　有關呼和塔石與帖木兒間的關聯之故事一再被講述，而這則故事似乎是十八世紀的創造，而且十九世紀到此一遊的旅客完全接受了這則故事。沒有任何當時的記載提及這則故事，參見 Ron Sela, "The 'Heavenly Stone' (Kök Tash) of Samarqand: A Rebels' Narrative Transformed," *Journal of the Royal Asiatic Society* 17/1 (2007): 21–32.

11　Colin Thubron, *Shadow of the Silk Road* (New York: Harper Collins, 2007), 199.

12　Tilman Nagel, *Timur der Eroberer und die islamische Welt des späten Mittelalters*（《征服者帖木兒與中古晚期的伊斯蘭世界》）(Munich: Verlag C.H. Beck, 1993), 337–339.

13 Filiz Ça man, "Glimpses into the Fourteenth-Century Turkic World of Central Asia: The Paintings of Muhammad Siyah Qalam," in David J. Roxburgh, ed., *Turks: A Journey of a Thousand Years, 600–1600* (London: Royal Academy of Art, 2005), 148–190. 而關於帖木兒王朝的藝術範例，參見：David J. Roxburgh, "The Timurid and Turkmen Dynasties of Iran, Afghanistan and Central Asia, c. 1370–1506," in Roxburgh ed., *Turks*, 192–260.

14 參見：Allen J. Frank, *Islamic Historiography and 'Bulghar' Identity among the Tatars and Bashkirs of Russia* (Leiden: Brill, 1998).

15 S. K. Ibragimov et al, eds., *Materialy po istorii kazakhskikh khanstv XV-XVIII vekov*（《哈薩克汗國史資料（15 至 18 世紀）》）(Alma-Ata: Nauka, 1969), 169.

16 「哈薩克」（*Qazaq*）一詞後來被俄語（*kazak*）與烏克蘭語（*kozak*）所採借，以指稱一群自由而大多數使用斯拉夫語的草原邊疆民族：哥薩克人（the Cossacks）。

17 Mirza Muhammad Haidar Dughlat, *Tarikh-i-Rashidi: A History of the Moghuls of Central Asia*, ed. N. Elias, trans. E. Dennison Ross (London, 1895; repr. London: Curzon Press, 1972), 82.

18 同前揭書，第 14 至 15 頁，第 58 頁。

19 Johan Elverskog, ed. and trans., *The Jewel Translucent Sūtra: Altan Khan and the Mongols in the Sixteenth Century* (Leiden: Brill, 2003), 8–9, 48–52, 71.

20 Kenneth Chase, *Firearms: A Global History to 1700* (Cambridge: Cambridge University Press, 2003), 52–53, 55, 61; Peter C. Perdue, *China Marches West: The Qing Conquest of Central Eurasia* (Cambridge, MA: The Belknap Press of Harvard University Press, 2005), 58–59.

第八章 火藥時代與帝國崩潰

1 Chase, *Firearms*, 124, 203.

2 Dughlat, *Tarikh-i Rashîdî*, ed. Elias, trans. Ross, 272–273.

3 *Baburnama: Memoirs of Babur, Prince and Emperor*, ed. and trans. Wheeler M. Thackston (New York: Oxford University Press, 1996), 256.

4 *Baburnama*, ed. and trans. Thackston, 46.

5 Michael Khodarkovsky, *Russia's Steppe Frontier: The Making of a Colonial Empire, 1500–1800* (Bloomington: Indiana University Press, 2002), 21–22.

6 Vadim V. Trepavlov, *Istoriia nogaiskoi ordy* [History of the Noghai Horde] (《諾蓋汗國史》) (Moscow: Vostochnaia Literatura, 2001), 372–375.

7 她被描繪為一個生飲鮮血的紅衣老女人。參見：Ruth I. Meserve, "The Red Witch," in *The Role of Women in the Altaic World*. Permanent International Altaistic Conference, 44th Meeting, Walberberg, 26–31.

8 皇太極之滿文名，源於中文的皇太子，意為「受尊敬的兒子」。參見：Mark C. Elliott, *The Manchu Way* (Stanford, CA: Stanford University Press, 2001), 63, 396–397n71.

9 Giovanni Stary, "The Meaning of the Word 'Manchu.'" A New Solution to an Old Problem," *Central Asiatic Journal* 34, no. 1–2 (1990): 109–119. Stary 認為這個字衍生自滿語的 *man*，意為「強壯、有力、偉大」，而連接尾碼 *-ju*，表示祝願的實現：即「願你強壯、有力、偉大」。

10 關於條約的滿文與俄文原文與摹寫本，參見：Basil Dmytryshyn et al. eds. and trans., *Russia's Conquest of Siberia: A Documentary Record 1558–1700* (Portland, OR: Western Imprints, The Press of the Oregon Historical Society, 1985), 497–501.

11 Fred. W. Bergholz, *The Partition of the Steppe: The Struggle of the Russians, Manchus and the Zunghar Mongols for Empire in Central Asia, 1619–1758* (New York: Peter Lang, 1993), 270–277, 335–340; Perdue, *China Marches West*, 161–173.

12 Arthur Waldron, *The Great Wall of China: From History to Myth* (Cambridge: Cambridge University Press, 1990), 3–4, 122–164.

13 Lubsan Danzan (Lubsangdanjin), *Altan Tobchi* [The Golden Summary]（《蒙古黃金史》）, trans. N. P. Shastina (Moscow: Nauka, 1973), 290; Johan Elverskog, ed. and trans. *The Jewel Translucent Sūtra* (Leiden: Brill, 2003), 129–130.

14 在此，宗喀巴被認為是一世達賴喇嘛。而這場會談由於是經由口譯所進行的，因此有些用詞與協議可能會產生誤會。【譯註】因為達賴喇嘛一般被認為是宗喀巴的弟子根敦朱巴（Gendün Druppa，藏文 dge 'dun grub pa）的轉世，而非宗喀巴本人。故作者有此說明。

15 Lubsan Danzan, *Altan Tobchi*, 291–292.

16 她原本是阿勒坦汗父親的妻子之一。為了維持草原舊俗，繼承人必須迎娶其父與死去兄弟之妻（除了他自己的親生母親以外）。參見 C. R. Bawden, *The Modern History of Mongolia* (New York: Frederick Praeger, 1968), 28–29.

17 Bawden, *The Modern History of Mongolia*, 27–28，此處徵引了蕭大亨寫於 1594 年的敘述，這時間也是蒙古改信佛教之後一個世代的事。

18 Elverskog, ed. and trans., *The Jewel Translucent Sūtra*, 35–40.

19 有關這個熱烈爭論的不同觀點可參見：Scott C. Levi, *India and Central Asia: Commerce and Culture, 1500–1800* (New Delhi: Oxford University Press, 2007).

20 A. I. Levshin, *Opisanie kirkiz-kazach'skikh ili kirgiz-kaisatskikh ord i stepei*（《關於吉爾吉斯－哥薩克人或吉爾吉斯－哈薩克人汗國與草原的描述》）(St. Petersburg, 1832, repr. Almaty: Sanat, 1996), 313.

21 有關哈薩克宗教習慣本質的辯論，參見：Bruce G. Privratsky, *Muslim Turkistan* (Richmond, Surrey: Curzon, 2001), 7–29，以及一些關於吉爾吉斯人伊斯蘭信仰之「表面性」的斷言所作的謹慎保留的評語，參見：Devin DeWeese, *Islamization and Native Religion in the Golden Horde* (University Park, PA: The Pennsylvania State University Press, 1994), 65–6.

22 有關這個名稱長久以來被相信的流行語源學再度遭到質疑，參見：
Christopher I. Beckwith, "A Note on the Name and Identity of the Junghars,"
Mongolian Studies 29 (2007): 41–45.

23 Valentin A. Riasanovsky, *The Fundamental Principles of Mongol Laws*
(Tientsin, 1937; repr. in Indiana University Uralic and Altaic Series, vol. 43,
The Hague: Mouton, 1965), 92–100.

24 Peter C. Perdue, *China Marches West: The Qing Conquest of Central Eurasia*
(Cambridge, MA: The Belknap Press of Harvard University Press, 2005), 140.

25 Perdue, *China Marches West*, 304–306; Millward, *Eurasian Crossroads*, 89–
90.

26 引自《大清聖祖仁皇帝實錄》1690 年 8 月 4 日條，參見：B. P. Gurevich
and G. F. Kim, eds, *Mezhdunarodnye otnosheniia v Tsentral'noi Azii. XVII-
XVIII vv. Dokumenty i materialy*（《中亞的國際關係（十七至十八世紀）：
文書與材料》）(Moscow: Nauka, 1989), 1: 195–196.

27 Dughlat, *Tarikh-i Rashîdî*, ed. Elias, trans. Ross, 125, 148.

28 Buri A. Akhmedov, ed. and trans., *Mahmud ibn Vali, More tain otnositel'no
doblestei blagorodykh* [a translation of Mahmûd ibn Walî, *Bahr al-Asrâr fî
Manâqib al-Akhyâr*]（《馬合木‧本‧外里之「貴人勇敢精神之玄妙大全」
翻譯》）(Tashkent: Fan, 1977), 41.

第九章 現代性的問題

1 Captain John Moubray Trotter, compiler, "Central Asia," Section II, Part IV. *A
Contribution towards the Better Knowledge of the Topography, Ethnography,
Resources and History of the Khanat of Bokhara* (Calcutta: Foreign
Department Press, 1873), 3–6.

2 Lieutenant Alexander Burnes, *Travels into Bukhara* (London: John Murray,
1834), 1: 267–270.

3　Frederick G. Burnaby, *A Ride To Khiva* (London: Cassel Petter & Galpin, 1876, repr. Oxford: Oxford University Press, 1997), 307, 309–310.

4　Eugene Schuyler, *Turkestan: Notes of a Journey in Russian Turkestan, Khokand, Bukhara and Kuldja* (London: Sampson Low, Marston Searle, and Rivington, 1876) 2: 6, 11.

5　Schuyler, *Turkestan*, 1: 162.

6　Burnes, *Travels*, 1: 252.

7　同前揭書，第 1 冊：第 276 頁。

8　Robert D. Crews, *For Prophet and Tsar: Islam and Empire in Russia and Central Asia* (Cambridge, MA: Harvard University Press, 2006), 38.

9　Mîrzâ 'Abdal 'Azîm Sâmi, *Ta'rîkh-i Salâtîn-i Manġitîya*（《曼格特君主史》）(*Istoriia mangytskikh gosudarei*), ed. and trans. L. M. Epifanova (Moscow: Vostovchnaia Literatura, 1962), 119 (104b); Jo-Ann Gross, "Historical Memory, Cultural Identity, and Change: Mirza 'Abd al-'Azîz Sami's Representation of the Russian Conquest of Bukhara," in Daniel R. Brower and Edward J. Lazzerini, eds., *Russia's Orient: Imperial Borderlands and Peoples, 1700–1917* (Bloomington: Indiana University Press, 1997), 216.

10　Robert D. Crews, "Empire and the Confessional State: Islam and Religious Politics in Nineteenth-century Russia," *The American Historical Review* 108, no. 1 (February 2003): 50–52.

11　Chokan Ch. Valikhanov, "Ocherki Dzhungarii,"（〈準噶爾概述〉）in his *Sobranie Sochinenii*（《作品全集》）, 5 vols. (Alma-Ata: Kazakhstaia Sovetskaia Entsiklopediia, 1984–1985), 3: 327.

12　M. Kh. Abuseitova et al., *Istoriia Kazakhstana i Tsentral'noi Azii*（《哈薩克與中亞史》）(Almaty: Bilim, 2001), 409.

13　Edward Allworth, ed., *Central Asia: 130 Years of Russian Dominance, A Historical Overview*, 3rd ed. (Durham: University of North Carolina Press, 1994), 98.

14 Jacob Landau and Barbara Kellner-Heinkele, *Politics of Language in the Ex-Soviet Muslim States* (Ann Arber: University of Michigan Press, 2001), 7.

15 Sergei Abashin, *Natsionalizmy v Srednei Azii. V poiskakh identichnosti*（《民族主義在中亞：尋找認同》）(Sankt-Peterburg: Aleteiia, 2007), 186–189.

16 Peter Finke, "Competing Ideologies of Statehood and Governance in Central Asia: Turkic Dynasties in Transoxania and their Legacy," in David Sneath, ed., *States of Mind: Power, Place, and the Subject in Inner Asia*, Center for East Asian Studies, Western Washington University for Mongolia and Inner Asia Studies Unit, University of Cambridge (Bellingham: Western Washington University, 2006), 111–112.

17 Pope, *Sons of the Conquerors*, 234–239.

18 Landau and Kellner-Heinkele, *Politics*, 124–147.

19 Pope, *Sons of the Conquerors*, 293.

20 *New York Times*, August 7, 2009, A4.

進階讀物

工具書

Abazov, Rafis. *Palgrave Concise Historical Atlas of Central Asia*. New York: Palgrave Macmillan, 2008.

Atwood, Christopher P. *Encyclopedia of Mongolia and the Mongol Empire*. New York: Facts on File, 2004.

Bosworth, Clifford Edmund. *The New Islamic Dynasties*. New York: Columbia University Press, 1996. 中譯本參見：張人弘、池思親譯，《伊斯蘭朝代簡史》（臺灣商務印書館，2016 年）。

Bregel, Yuri. *An Historical Atlas of Central Asia*. Leiden: Brill, 2003.

通論性研究

Adshead, S. A. M. *Central Asia in World History*. New York: St. Martin's Press, 1993.

Andre, Paul. *The Art of Central Asia*. London: Parkstone Press, 1996.

Barfield, Thomas. *Perilous Frontiers: Nomadic Empires and China*. Oxford: Blackwell, 1987. 中譯本參見：袁劍譯，《危險的邊疆：遊牧帝國與中國》（江蘇人民出版社，2011 年）。

Basilov, V. N. *Nomads of Eurasia*. Translated by M. F. Zirin. Seattle, WA: University of Washington Press, 1989.

Beckwith, Christopher I. *Empires of the Silk Road*. Princeton: Princeton University Press, 2009. 中譯本參見：苑默文譯，《絲路上的帝國：歐亞大陸的心臟地帶，引領世界文明發展的中亞史》（聯經出版，2022 年）。

Ça atay, Ergun, and Do an Kuban, eds. *The Turkic Speaking Peoples: 2000 Years of Art and Culture from Inner Asia to the Balkans*. Munich: Prestel, 2006.

Canfield, Robert L., ed. *Turko-Persia in Historical Perspective*. Cambridge: Cambridge University Press, 1991.

Christian, David. *A History of Russia, Central Asia and Mongolia*. Vol. 1, *Inner Eurasia from Prehistory to the Mongol Empire*. Oxford: Blackwell, 1998. 中譯本參見：潘玲譯，《史前至蒙古帝國時期的內歐亞大陸史》（上海古籍出版社，2024 年）。

Di Cosmo, Nicola, Allen J. Frank, and Peter B. Golden, eds. *The Cambridge History of Inner Asia: The Chinggisid Age*. Cambridge: Cambridge University Press, 2009.

Findley, Carter V. *The Turks in World History*. New York: Oxford University Press, 2004.

Foltz, Richard C. *Religions of the Silk Road*. New York: St. Martin's Press, 1999.

Grousset, René. *The Empire of the Steppes*. Translated by Naomi Walford. New Brunswick: Rutgers University Press, 1970. 中譯本參見：藍琪譯，《草原帝國》（北京商務印書館，1998 年）。

Hambly, Gavin, ed., *Central Asia*. New York: Delacorte Press, 1969. 中譯本參見：吳玉貴譯，《中亞史綱要》（北京商務印書館，1994 年）。

Jagchid, Sechin, and Paul Hyer. *Mongolia's Culture and Society*. Boulder, CO: Westview Press, 1979.

Khazanov, Anatoly M. *Nomads and the Outside World*. Cambridge: Cambridge University Press, 1984.

Lattimore, Owen. *The Inner Asian Frontiers of China. American Geographical Society*, 1940. Reprint, Hong Kong: Oxford University Press, 1988. 中譯本參見：唐曉峰譯，《中國的亞洲內陸邊疆》（江蘇人民出版社，2005 年）。

Liu, Xinru. *The Silk Road in World History*. New York: Oxford University Press, 2010. 中譯本參見：李政賢譯，《一帶一路：帶你進入絲路的歷史》（五南出版，2017 年）。

Millward, James A. *Eurasian Crossroads: A History of Xinjiang*. New York: Columbia University Press, 2007.

Roxburgh, David J., ed. *Turks: A Journey of a Thousand Years, 600–1600*. London: Royal Academy of Arts, 2005.

Sinor, Denis, ed., *The Cambridge History of Early Inner Asia*. Cambridge: Cambridge University Press, 1990. 中譯本參見：藍琪譯，《劍橋早期內亞史》（北京商務印書館，2021 年）。

Soucek, Svat. *A History of Inner Asia*. Cambridge: Cambridge University Press, 2000. 中譯本參見：袁劍、程秀金譯，《內亞史》（北京商務印書館，2023 年）。

古代

Anthony, David W. *The Horse, the Wheel, and Language: How Bronze-Age Riders from the Eurasian Steppes Shaped the World*. Princeton: Princeton University Press, 2007. 中譯本參見：賴芊曄譯，《馬、車輪和語言：歐亞草原的騎馬者如何形塑古代文明與現代世界》（八旗文化，2021 年）。

Di Cosmo, Nicola. *Ancient China and its Enemies: The Rise of Nomadic Power in East Asian History*. Cambridge: Cambridge University Press, 2002. 中譯本參見：賀嚴、高書文譯，《古代中國與其強鄰：東亞歷史上遊牧力量的興起》（中國社會科學出版社，2010 年）。

Cribb, Joe, and Georgina Herrmann. *After Alexander: Central Asia Before Islam*. Oxford: Oxford University Press, 2007.

Kohl, Philip L. *The Making of Bronze Age Eurasia*. Cambridge: Cambridge University Press, 2007.

Mallory, J. P., and Victor Mair. *The Tarim Mummies*. London: Thames and Hudson, 2000.

中世紀

Allsen, Thomas T. *Culture and Conquest in Mongol Eurasia*. Cambridge: Cambridge University Press, 2001.

Allsen, Thomas T. "The Rise of the Mongolian Empire and Mongolian Rule in North China." *The Cambridge History of China*. Vol. 6, *Alien Regimes and Border States, 907–1368*. Edited by Herbert Franke and Denis Twitchett. Cambridge: Cambridge University Press, 1994. 中譯本參見：史衛民譯，《劍橋中國遼西夏金元史（907-1368 年）》（中國社會科學出版社，1998 年）。

Anonymous. *The Secret History of the Mongols*. Translated by Igor de Rachewiltz. 2 vols. Leiden-Boston: Brill, 2004.

Barthold, W. [V. V. Bartol'd]. *Turkestan Down to the Mongol Invasion*. 3rd ed. Translated by T. Minorsky. Edited by C. E. Bosworth. London, 1968. 中譯本參見：張錫彤、張廣達譯，《蒙古入侵時期的突厥斯坦》（上海古籍出版社，2007 年）。

Beckwith, Christopher I. *The Tibetan Empire in Central Asia*. Princeton: Princeton University Press, 1993. 中譯本參見：付建河譯，《吐蕃在中亞：中古早期吐蕃、突厥、大食、唐朝爭奪史》（新疆人民出版社，2012 年）。

Biran, Michal. *The Empire of the Qara Khitai in Eurasian History*. Cambridge: Cambridge University Press, 2005.

Clavijo, Don Ruiz Gonzales de. *Embassy to Tamerlane 1403–1406*. Translated by Guy Le Strange. London: Routledge, 1928. Reprint, Frankfurt-am-Main, 1994. 中譯本參見：楊兆鈞譯，《克拉維約東使記》（北京商務印書館，1957年）。

Dawson, Christopher, ed. *Mission to Asia*. London: Sheed and Ward, 1980. 中譯本參見：呂浦譯，周良霄註，《出使蒙古記》（中國社會科學出版社，1983 年）。

de la Vaissière, Étienne. *Sogdian Traders: A History*. Translated by James Ward. Leiden: Brill, 2005. 中譯本參見：王睿譯，《粟特商人史》（廣西師範大學出版社，2012 年）。

DeWeese, Devin. *Islamization and Native Religion in the Golden Horde*. University Park: Penn State University Press, 1994.

Frye, Richard N. *The Heritage of Central Asia*. Princeton: Markus Wiener, 1996. 中譯本參見：韓中義、傅加杰、水敏軍譯，《中亞古代史》（光啟書局，2024 年）。

Hâjib, Yusuf Khâss. *Wisdom of Royal Glory (Kutadgu Bilig): A Turko-Islamic Mirror for Princes*. Translated by Robert Dankoff. Chicago: University of Chicago Press, 1983.

Jackson, Peter. *The Mongols and the West, 1221–1410*. New York: Pearson Longman, 2005.

Juvainî, 'Ata-Malik. *The History of the World-Conqueror*. Translated by John A. Boyle. Cambridge, MA: Harvard University Press, 1958. 中譯本參見：何高濟、翁獨健譯，《世界征服者史》（北京商務印書館，2004 年）。

Mackerras, Colin. *The Uighur Empire According to the T'ang Dynastic Histories*. Canberra: Australian National University Press, 1972.

Manz, Beatrice F. *The Rise and Rule of Tamerlane*. Cambridge: Cambridge University Press, 1989.

Marshak, Boris. *Legends, Tales, and Fables in the Art of Sogdiana*. New York: Bibliotheca Persica Press, 2002.

Morgan, David. *The Mongols*. Oxford: Blackwell, 1986.

Narshakhî, Abu Bakr Muhammad ibn Ja'far. *The History of Bukhara*. Translated by Richard N. Frye. Cambridge, MA: The Mediaeval Academy of America, 1954.

Pan, Yihong. *Son of Heaven and Heavenly Qaghan: Sui-Tang China and its Neighbors*. Bellingham, WA: Western Washington University Press, 1997.

Polo, Marco. *The Travels of Marco Polo: The Complete Yule-Cordier Edition*. 2 vols. New York: Dover, 1993.

Rashîd al-Dîn, Fadlallâh. *The Successors of Genghis Khan*. Translated by John A. Boyle. New York: Columbia University Press, 1971. 中譯本參見：周良霄譯，《成吉思汗的繼承者》（上海古籍出版社，2018 年）。

Ratchnevsky, Paul. *Genghis Khan: His Life and Legacy*. Translated by Thomas N. Haining. Oxford: Blackwell, 1991.

Rubruck, William of. *The Mission of Friar William of Rubruck*. Translated by Peter Jackson. Edited by Peter Jackson and David Morgan. Hakluyt Society, second series, vol. 173. London: Hakluyt Society, 1990.

Wriggins, Sally Hovey. *Xuanzang: A Buddhist Pilgrim on the Silk Road*. Boulder, CO: Westview Press, 1996.

早期近代

Babur. *The Baburnama: Memoirs of Babur, Prince and Emperor*. Translated, edited, and annotated by Wheeler M. Thackston. New York: Oxford University Press, 1998.

Bergholz, Fred W. *The Partition of the Steppe: The Struggle of the Russians, Manchus, and the Zunghar Mongols for Empire in Central Asia, 1619–1758*. New York: Peter Lang, 1993.

Dughlat, Mirza Muḥammad Haidar. *A History of the Moghuls of Central Asia being the Tarikh-i Rashidi*. Edited by N. Elias. Translated by E. Dennison Ross. London, 1895. Reprint, London: Curzon Press, 1972. 中譯本參見：王治來譯，《賴世德史》（上海古籍出版社，2013 年）。

Perdue, Peter C. *China Marches West: The Qing Conquest of Central Eurasia*. Cambridge, MA: The Belknap Press of Harvard University Press, 2005. 中譯

本參見：葉品岑、蔡偉傑、 林文凱譯，《中國西征：大清征服中央歐亞與蒙古帝國的最後輓歌》（衛城出版，2021 年）。

近代

Allworth, Edwin. *Central Asia: 130 Years of Russian Dominance, A Historical Overview*. 3rd ed. Durham, NC: Duke University Press, 2002.

Bawden, Charles R. *The Modern History of Mongolia*. New York: Frederick Praeger, 1968.

Brower, Daniel R., and Edward J. Lazzarini, eds. *Russia's Orient. Imperial Borderlands and Peoples, 1700–1917*. Bloomington: Indiana University Press, 1997.

Crews, Robert D. *For Prophet and Tsar: Islam and Empire in Russia and Central Asia*. Cambridge, MA: Harvard University Press, 2006.

d'Encausse, Hélène Carrere. *Islam and the Russian Empire: Reform and Revolution in Central Asia*. Translated by Quintin Hoare. Berkeley: University of California Press, 1988.

Hiro, Dilip. *Inside Central Asia: A Political and Cultural History of Uzbekistan, Turkmenistan, Kazakhstan, Kyrgyz*. New York: Overlook Duckworth, 2009.

Khalid, Adeeb. *Islam after Communism: Religion and Politics in Central Asia*. Berkeley: University of California Press, 2007.

Khalid, Adeeb. *The Politics of Muslim Cultural Reform: Jadidism in Central Asia*. Berkeley: University of California Press, 1998.

Khodarkovsky, Michael. *Russia's Steppe Frontier: The Making of a Colonial Empire, 1500–1800*. Bloomington, IN: University of Indiana Press, 2002.

Landau, Jacob, and Barbara Kellner-Heinkele. *Politics of Language in the Ex-Soviet Muslim States*. Ann Arbor, MI: University of Michigan Press, 2001.

Northrop, Douglas. *Veiled Empire: Gender and Power in Stalinist Central Asia*.

Ithaca, NY: Cornell University Press, 2004.

Roy, Olivier. *The New Central Asia: The Creation of Nations.* New York: New York University Press, 2000.

Rudelson, Justin J. *Oasis Identities: Uyghur Nationalism Along China's Silk Road.* New York: Columbia University Press, 1997.

Sahadeo, Jeff, and Russell Zanca, eds. *Everyday Life in Central Asia: Past and Present.* Bloomington: Indiana University Press, 2007.

相關網站

亞洲學會：各國概況 †

http://asiasociety.org/countries-regions

這個極佳的參考網站提供了有關亞洲各國（包括中亞）之清楚與當前的綜述及統計數字。並附有地圖與國旗。

佛教藝術與貿易路線

www.asiasocietymuseum.com/buddhist_trade/index.html

這個有關佛教藝術與絲綢之路的影像、地圖與文章的網站，由亞洲學會主辦。

---

† 　【譯註】英文原書提供之網址已失效，此處補上新網址。

開放社會研究所的中央歐亞專案

www.eurasianet.org/

這個新聞網站報導中亞的經濟與民間話題。文章還有訪談、投影片輪播、部落格與短片作為補充。

敦煌研究院

www.dha.ac.cn/

這個網站提供與莫高窟洞穴選萃之歷史相關的照片與資訊。

赫爾布魯恩藝術史時間表（Heilbrunn Timeline of Art History）

www.metmuseum.org/toah/

大都會藝術博物館提供全世界藝術相關的時間表與文章，並按照地區劃分。其地理部分「中亞與北亞」則最為相關。這個部分包括了關於成吉思汗、蒙古包與馬爾他（Mal'ta）考古調查的文章。

隱士廬

http://www.hermitagemuseum.org/wps/portal/hermitage/explore/collections/?lng=en

隱士廬博物館為其豐富的中亞藝術與手工藝品提供了概述，包括了關於其藏品選萃的網頁。[†]

[†]　【譯註】英文原書提供之網址已失效，此處補上新網址。

國際敦煌項目：絲綢之路在線

http://idp.bl.uk

這是個擁有世界最佳絲綢之路藏品的研究機構之國際合作網站。這個網站包括可供檢索的藝術、手工藝品與文書的資料庫；有關絲綢之路歷史及研究的文章與交流；以及經過分類的實用網站連結。

僧侶與商旅：中國西北方之絲綢之路珍寶，甘肅與寧夏，四至七世紀

http://sites.asiasociety.org/arts/monksandmerchants/

這個亞洲學會的線上展覽展示了塑像、手工藝品與文書的影像，每件都附有一篇短文。

絲綢之路・西雅圖（Silk Road Seattle）

http://depts.washington.edu/silkroad/index.html

由華盛頓大學所贊助的一個公共教育計畫。這個擴展中的網站包括關於歷史、建築與文化的圖解文章，以及附有註釋的書目、一幅電子地圖，還有歷史文書的英譯文。

中亞河中地區網頁

http://www.oxuscom.com/centasia.htm

這個網站包含了由翟馬可（Mark Dickens）所作的文章彙編。‡

---

‡　【譯註】此處提供之網址已失效，翟馬可的研究論文可參見以下網址：https://ualberta.academia.edu/MarkDickens。

謝辭

　　我要向牛津大學出版社的 Nancy Toff 與這套叢書的主編 Bonnie Smith 與 Anand Yang 致謝，感謝她們在準備本書時的耐心與指導。我也要向 Karen Fein 銳利的編輯之眼，還有 Sonia Tycko 的技術貢獻表達謝意。

　　許多年來，我在中亞史上受益於與我的朋友與同事間的持續對話，包括了托馬斯・愛爾森（Thomas T. Allsen）、狄宇宙（Nicola Di Cosmo）和哈贊諾夫（Anatoly M. Khazanov）。我最早約於三十六年前開始介紹中亞的民族與文化，我也想謝謝當時在羅格斯大學的學生們，在寫作本書時，他們也與我的心同在。無須贅言，如果有任何

事實的錯誤或是詮釋上的問題，我個人當負起所有責任。

　　我的兒子 Alexander Hui（慧） Golden 與 Gregory Gong
（功）Golden 總是從他忙碌的計畫中找出時間解決他父親的電
腦問題，我對此銘感五內。一直以來，我的妻子吳盈珍（Sylvia
Wu Golden）在所有事情上都是我最好的幫手，在此我將這本
書題獻給她。

譯後記

　　針對「世界史上的中亞」（Central Asia in World History）
這個主題的專門論著，在過去主要有以研究中國史聞名的艾
茲赫德（S. A. M. Adshead）在 1993 年由聖馬丁出版社（St.
Martin's Press）出版的同名書。其餘則散見於各相關書籍。如
今在前揭書出版十八年後，學界終於出現一本由中亞史家所撰
寫的專著，也就是讀者您手上的這本書。

　　艾茲赫德的前揭書受到美國內亞史家弗萊徹（Joseph F.
Fletcher, Jr.）的「歷史連鎖」（interlocking of histories）理論影
響，因此在記述上詳於西元 1200 年以後的歷史。而本書則是
按照時序所寫的中亞史導論，從上古到今日的中亞史都濃縮在

這本小書中，這個工作相當不容易，需要相當熟悉中亞歷史才有可能舉重若輕寫出這部作品。

　　本書在出版後得到了學界的一致好評。歐洲中古史與蒙古帝國史專家彼得‧傑克森（Peter Jackson）在《倫敦大學亞非學院學報》（*Bulletin of the School of Oriental and African Studies*）第 75 卷第 1 期（2012 年 2 月）的書評中提到，本書是一部廣泛且淵博的世界史研究，並且著重於「全球」歷史與不同文化的互動（第 188 頁）。在中國則有蒙人（應為筆名）在《清華元史》第 2 輯（2013 年）所撰寫的書評，當中也盛讚本書的多語言詞彙分析，「展現了作者對歷史語言學方法的駕輕就熟和對最新研究文獻的熟稔。」（第 523 頁）這些書評中也對於書中內容有所商榷。例如傑克森引用羅依果（Igor de Rachewiltz）的研究，指出成吉思汗的「成吉思」一詞的原意應為「強壯」而非「普世」（universal）（第 188 頁）。而蒙人對於本書作者誤將柔然與亞洲的阿瓦爾人混為一談，另外引用吉田豐的研究，認為木杆（Mughan）可汗之名的轉寫應為 Muqan 等等（第 523-524 頁）。我將這些商榷看法附錄於此，以供讀者參考。

　　本書作為一本導論性的書籍，作者所用的各種語言轉寫系統都是學界所廣為接受的，並不難上手，書末也附有轉寫發音指南。附錄的大事年表也相當實用。一如我在導讀中所提到的，本書是近年新出版、篇幅簡短，而且內容深入淺出的中亞史入門書，非常適合作為大學中亞史與世界史相關課程的指定教材，對於一般讀者而言，也是一本很好的科普讀物。

　　我與本書的結緣始於首都師範大學的岳秀坤教授為《全球史評論》邀約撰寫的書評，後來發表於該刊第 7 輯（2014 年）。2015 年 8 月中旬，上海文藝出版社肖海鷗編輯在豆瓣網上的一封豆郵則是本書翻譯計畫的開端。譯文初稿雖早在 2016 年 3 月即已完成，但中間歷經了許多波折，後來又由余靜双編輯接手，可惜至今仍無法出版簡體中文版。箇中甘苦，實如人飲水。而本書繁體中文版出版的契機則源自於 2024 年 6 月與廣場出版社的官子程編輯的一次會面。若非他的獨具慧眼與鍥而不捨，這份譯稿大概也沒有機會面世。在此我要向他的辛勞付出表示由衷的謝意。作者高登教授曾於 2010 年 11 月應邀在我的母校印第安納大學擔任布瑞格爾講座（Bregel Lectures）的演講貴賓，這也是我與作者的首次謀面。後來在翻譯本書的過

程中，他持續關心出版進度、對我的工作給予鼓勵、澄清原文中的問題，並允諾為中文版撰寫新序。除此以外，在翻譯本書過程中劉迎勝教授提供了譯文修改建議。作為譯者對於上述師友的協助，都讓我銘感五內。

最後，在翻譯習慣上，我盡量在不影響原意的前提下，將書中一個長句的各個附屬子句分開譯出，以符合中文以短句為主的閱讀習慣。另外，並盡可能還原書中所徵引的中文原文，且對內文與註釋做了最低限度的譯注。而對於原書註釋中非英語的引用書目，則盡可能譯出其中文書名，以利理解。對於原書中的訛誤以及過時之處亦進行了修改。此外，在中文版付梓時，作者對原書的謝辭也作了小幅修訂。附帶說明，本書的英文版附有多幅精彩的圖片，有興趣的讀者不妨再行參閱。同時本書也加入了對應的英文版頁碼，方便對照英文原書閱讀。囿於個人學力，此間容有錯謬未盡之處，我個人則對這些錯誤負有全責。也請各方先進不吝給予批評指教。

2024 年 12 月於新北板橋

THE
CONTINENT
大 陸
05

世界史上的中亞：
跨越滿洲森林至黑海周緣的四萬年史
Central Asia in World History

作者	彼得·高登（Peter B. Golden）
譯者	蔡偉傑
責任編輯	官子程
書籍設計	吳郁嫻
內頁排版	謝青秀
總編輯	簡欣彥
出版	廣場出版／遠足文化事業股份有限公司
發行	遠足文化事業股份有限公司（讀書共和國出版集團）
地址	231 新北市新店區民權路 108-3 號 9 樓
電話	02-22181417
傳真	02-22180727
客服專線	0800-221029
法律顧問	華洋法律事務所　蘇文生律師
印刷	前進彩藝有限公司
初版	2025 年 1 月
定價	500 元
ISBN	978-626-7647-00-4（紙本）
	978-626-9886-78-4（EPUB）
	978-626-9886-79-1（PDF）

國家圖書館出版品預行編目 (CIP) 資料

世界史上的中亞：跨越滿洲森林至黑海周緣的四萬年
史／彼得·高登 (Peter B. Golden) 著；蔡偉傑譯 . --
初版 . -- 新北市：遠足文化事業股份有限公司廣場
出版，遠足文化事業股份有限公司，2025.01
　　面；　　公分 . --（大陸；5）
譯自：Central Asia in World History.
ISBN 978-626-7647-00-4（平裝）

1. CST: 中亞史 2.CST: 遊牧民族

734.01　　　　　　　　　　　　　　113018920

廣場 FB

讀者回函